KB062152

아이디어 하나로 스타트업

세상에 헛된 삽질은 없다

어쩌다 보니 스타트업을 취재하는 일을 하고 있습니다. 의도한 건 아닌데 자연스레 이 생태계에 흘러 들어왔습니다. 저와 스타트업의 첫 인연은 8년 전으로 거슬러 올라갑니다. 2015년 1월, 지금은 종합 콘텐츠 유통사로 거듭난 한 전자책 플랫폼에서 인턴 생활을 했습니다. 당시 방송국 PD를 꿈꿨던 저는 이야기를 만들고 유통하는 과정에 관심이 많아 이곳에 지원했고, 마케팅 보조 인턴으로 합류하게 되었습니다.

명석하고 의욕 넘치는 인턴사원의 활약기를 기대했다면 미리 사과드리겠습니다. 그때의 저는 사고뭉치 그 자체였거든요. 모든 게 낯설고 서툰 병아리였던 저는 밥 먹듯이 실수를 저질렀습니다. '내가 팀장님의 수명을 2년 정도는 단축한 게 아닌가.' 싶어 죄송스러울 정도였으니까요.

사고를 수습하느라 정신없는 와중에도 눈에 들어오는 게 있었습니다. 바로 '스타트업'이라는 조직의 풍경이었습니다. 구성원들은 전문적이었고, 몸담은 조직의 성장을 위해 열과 성을 다했습니다. 대형 조직의 부품 대신 혁신 조직의 플레이어를 택한 그들은 말 그대로 무섭게 일했습니다.

그곳에서 '회사원들은 주어진 태스크만 하면 된다.'라는 제 통념은 산산조각이 났습니다. 상사들은 태스크 해치우기가 아니라 문제 해결에 골몰했습니다. 좋은 작품을 선점하기 위해 부지런히 발품을 팔았고, 더 효율적인 운영 방식과 마케팅 수단을 고민했습니다. 저를 무섭게 혼내던 호랑이 같은 상사들이었지만 저는 그들을 진심으로 존경하고 선망했습니다. 저도 그런 사람으로 성장하고 싶었습니다.

스타트업에서의 첫 직장 생활은 저의 가치관을 송두리째 바꿔 놨습니다. 그전까지의 제 삶은 동화 『헨젤과 그레텔』에 비유할 수 있습니다. 좋은 학교에 진학해 좋은 직장에 취업해 조건이 좋은 배우자와 결혼하면, 어른 세대가 떨어뜨린 과자 부스러기를 따라가면 '보통 이상'의 삶을 살 수 있으리라 굳게 믿었습니다. 누구나 들으면 알 법한 기업에 취업하면 성공한 삶이라 여겼습니다. 따라갈 길이 없는 삶은 막연한 두려움을 갖게 했습니다.

'과자 부스러기 없는 길'을 굳이 택한 이들의 존재는 신선한 충격이었습니다. 마치 새로운 종(種)을 발견한 생물학자처럼 호기심에 빠졌습니다. '이분들은 주변 사람들에게 자기 일을 어떻게 설명할까.'라는 속물적인 물음부터 '참고할 선례가 없을 텐데 불안하지 않을까.' 같은 실무적인 궁금증까지. 물음표가 끊임없이 저를 덮쳐왔습니다. 그러다 깨달았습니다. 저는 이 블랙홀 같은 생태계에 매혹당하고 말았다는 사실을요.

인연은 짧았지만 첫 직장에서 보낸 시간이 제 경력의 '티저'였나 봅니다. 2020년 5월, 〈조선일보〉의 사내벤처 조직인 현 직장에 입사해 지금까지 약 100여 명의 인물을 인터뷰했습니다. 대부분이 스타트업 대표입니다. '스타트업'에서 '스타트업을 취재하는 일'을 하게 된 것입니다. 저는 이 생태계의 가장 뜨거운 지점에 있다고 해도 무방합니다.

저는 지금 과자 부스러기를 따르는 대신 길을 직접 만드는 사람들을 만나고 다닙니다. 누구도 길이 될 수 없다고 여겼던 길, 그만큼 험난하지만 한번 일구면 영원히 지워지지 않는 그런 길을 만드는 사람들과 356일을 채우고 있습니다.

이 책에는 2020년 5월부터 지금까지 길을 만드는 사람들을 좇은 여정이 담겨 있습니다. 반짝 주목받았다가 고전하는 곳도 있고, 여러 차례의 시행착오 끝에 빛을 발하는 곳도 있습니다. 중요한 건 정해진 성공 공식은 없다는 것, 또 성공 여부와 상관없이 이들의 족적이 모두 가치 있다는 사실입니다.

책을 읽다 관심 가는 업체가 생긴다면 뉴스 검색을 통해서 이들의 여정을 계속 추적하길 바랍니다. 이들의 성장 과정을 관찰하는 일이 어쩌면 당신에게 예상치 못한 큰 힌트를 줄지도 모르니까요. 책의 내용과 업체의 현재 모습이 조금 다를지도 모릅니다. 그럴 땐 그 시차 동안 무슨 일이 생겼는지 파악해보세요. 비즈니스의 발전 과정에 대한 단서를 찾을 수 있을 겁니다.

지금까지 스타트업을 취재하며 얻은 교훈은 한 마디로 압축됩니다. "세상에 헛된 삽질은 없다." 소개된 스타트업의 성공 여부는 크게 중요하지 않습니다. 그보다는 목표 의식, 문제 해결에 대한 의지 하나를 믿고 창업에 뛰어든 불굴의 의지와 도전 의식에 주목해야 합니다. 불나방처럼 위험을 감수하고 불길에 뛰어든 결단이 어쩌면 세상을 이롭게 만드는 동력일지도 모르니까요. 물론 저는 누구보다 이들이 오래 살아남기를 기원합니다.

소중한 기회를 주신 〈조선일보〉 더비비드 식구들과 디캠프(은행권청년창업재단), 서울경제진흥원(구 서울산업진흥원), 아산나눔재단에 감사를 전합니다. 특히 저에게 먼저 출판을 제의하신 회사 대표님이자 유능한 기자인 박유연 선배에게 존경의 마음을 전합니다. 당신들과 함께할 수 있어 언제나 영광입니다. 아울러 저의 도전을 응원한 가족과 친구들, 세상에서 가장 예쁜 고양이 미오와 모든 순간 격려를 아끼지 않았던 남편에게도 사랑과 감사의 말을 전합니다.

진은혜

차례

지은이의 말   세상에 헛된 삽질은 없다 • 4

CHAPTER 1
따뜻한 심장에서 출발한 아이디어

생과 사의 갈림길에서 발견한 버려질 뻔한 것의 가치 • 15
푸드 업사이클링 기업 '리하베스트' 민명준 대표

어디서든 펼쳐서 만드는 의자의 예상하지 못한 재질 • 23
종이가구 제조 기업 '페이퍼팝' 박대희 대표

친환경 패션이 지루하다고요? 이렇게 섹시한데… • 31
친환경 패션 및 비건 가죽 제조사 '컨셔스웨어' 서인아 대표

불면증으로 고생하는 동료에게 삼성전자 엔지니어가 준 해결책 • 41
생체리듬 케어 스타트업 '루플' 김용덕 대표

6일째 빈집에 방치된 댕댕이, 구조 나선 청년의 반전 정체 • 51
반려동물 돌봄 서비스 '도그메이트' 이하영 대표

CHAPTER 2
기존 시장의 고질적인 문제 해결에 나선 사람들

1,300만 원의 샤넬 클래식 백을 더 오래 드는 법 • 63
명품 수선 플랫폼 '패피스' 김정민 대표

나는 '호갱'이 아닌 것 같죠? 휴대폰 요금 절반으로 줄이기 • 71
알뜰폰 요금제 비교 추천 플랫폼 '모두의 요금제' 안동건 대표

'인생 머리' 위한 헤어 디자이너, 최저가로 찾는 법 • 80
맞춤형 헤어 디자이너 탐색 플랫폼 '드리머리' 심건우·이태훈 대표

연봉 3억 원 대기업 지점장이 사표 내고 시장에서 창업한 사연 • 87
도소매시장 연결 플랫폼 '남도마켓' 양승우 대표

미국에서 창업 실패 후 쫓기듯 한국을 오며 결심한 것 • 95
지식 큐레이션 플랫폼 '피큐레잇' 송석규 대표

CHAPTER 3
허를 찌르는 신선한 아이디어의 탄생

정말 3천만 원에 이 집을 드립니다 • 107
모듈형 주택 건축 스타트업 '스페이스웨이비' 홍윤택 대표

'여기에 한 달만 살아 보고 싶다' 그 꿈, 제가 이뤄 드릴게요 • 115
한 달 살이 숙소 예약 추천 서비스 '리브애니웨어' 김지연 대표

30대 청년이 서울 유명 상권의 건물을 차례로 접수한 비결 • 123
세계 최초의 벽 공유 플랫폼 '월디' 한종혁 대표

오늘의 고민은 챗GPT에게, 오늘의 코디는 댄블에게 • 132
3050 남성을 위한 패션 스타일링 플랫폼 '테일러타운' 김희수 대표

서울법대, 김앤장 출신 변호사가 헬스케어 분야에 뛰어든 이유 • 142
AI 맞춤 영양관리 솔루션 '알고케어' 정지원 대표

CHAPTER 4
사각지대에 파고든 결과 탄생한 아이디어

요즘 10대가 뉴스를 보는 법 • 155
숏폼 프로덕션에서 크리에이터 아카데미까지 '뉴즈' 김가현 대표

연 20% 대출이자라니! 포항공대 출신 은행원이 벌인 일 • 164
P2P 금융 서비스 '8퍼센트' 이효진 대표

서울대 나온 똑똑이지만 창업은 완전히 달랐습니다 • 173
글로벌 공급망 금융 플랫폼 '핀투비' 박상순 대표

자본금 4,200만 원 들고 실리콘밸리로 떠난 한국 청년들 • 183
웹 하이라이팅 서비스·정보 큐레이션 플랫폼 라이너 운영사 '아우름플래닛' 우찬민 대표

"밀가루 빵보다 맛있다!" 호텔 셰프 출신의 쌀 베이커리 • 192
글루텐 프리 쌀 베이커리 '달롤컴퍼니' 박기범 대표

CHAPTER 5
새 시대에 새 문법을 만들어낸 사람들

단돈 1만 원에 피카소 그림 진품을 가질 수 있습니다 • 203
미술품 조각 투자 플랫폼 '테사' 김형준 대표

2년 전 불합격 통지를 받은 지방대생의 현재 • 211
통합 모빌리티 플랫폼 '카찹' 이원재 대표

포항공대 17학번 동기가 맥주를 마시다 떠올린 아이디어 • 218
AI 기반 애니메이션 제작 툴 개발사 '플라스크' 이준호·유재준 공동대표

'사람과 하이파이브하는 로봇', 아무도 못 한 세계 최초의 기술 • 227
협동로봇 안전성 분석 및 위험 검증 솔루션 개발사 '세이프틱스' 신헌섭 대표

직장인에게 블라인드가 있다면 10대에게는 오늘학교가 있다 • 237
초·중·고 학생 커뮤니티 오늘학교 개발사 '아테나스랩' 임효원 대표

CHAPTER 6
우리 회사 대표님의 또 다른 직업

창업 2년 만에 회원 170만 명 플랫폼 대표가 된 의대생 • 249
원격진료 플랫폼 '닥터나우' 장지호 대표

변호사 관두고 전기차 충전 플랫폼 사업을 시작한 이유 • 257
전기차 충전 플랫폼, 디바이스 개발사 '체인라이트닝컴퍼니' 장성수 대표

추억의 아이돌 '클릭비' 멤버, 스타트업 대표로 돌아오다 • 266
반려동물 헬스케어 브랜드 '아워테리토리' 노민혁 대표

미국 미대 교수님이 틴케이스 콘돔을 개발한 이유 • 275
여성향 성 생활용품 브랜드 세이브 운영사 '세이브앤코' 박지원 대표

유명 회계법인 출신 회계사가 사표 내고 렌털 영업에 나서다 • 283
렌털 가격 비교 플랫폼 '렌트리' 서현동 대표

...

푸드 업사이클링 기업 '리하베스트' 민명준 대표

종이가구 제조 기업 '페이퍼팝' 박대희 대표

친환경 패션 및 비건 가죽 제조사 '컨셔스웨어' 서인아 대표

생체리듬 케어 스타트업 '루플' 김용덕 대표

반려동물 돌봄 서비스 '도그메이트' 이하영 대표

CHAPTER 1

따뜻한 심장에서
출발한 아이디어

생과 사의 갈림길에서 발견한 버려질 뻔한 것의 가치

푸드 업사이클링 기업
리하베스트 민명준 대표

사회문제를 사업으로 풀어내는 건 무척 어려운 일이다. 사회적 기업을 '지원금 좀비'라며 폄훼하는 인식도 있다. 이 소셜임팩트의 험지에 식품 비즈니스로 도전장을 내민 이가 있다. 환경오염이나 장애인 노동 소외 같은 어려운 문제를 '푸드 업사이클' 방정식으로 풀어낸 리하베스트의 민명준 대표를 만나 비즈니스와 사회적 가치의 접점에 관해 들었다.

맛있는 에너지바로 태어난
맥주와 식혜 부산물

—

리하베스트는 음식물을 업사이클링한 그래놀라바인 '리너지바

(RE:nergy bar)'를 만든다. 업사이클링(Upcycling)은 자칫 버려질 뻔한 재료에 아이디어와 가치를 더해 완전히 새 제품으로 탄생시키는 것을 뜻한다. 단순 재활용인 리사이클링(Recycling)보다 고차원의 개념이다.

리너지바의 주재료는 맥주나 식혜를 만들고 남은 부산물이다. 곡물로 맥주나 식혜를 만들고 나면 여러 부산물이 생긴다. 충분히 먹을 수 있고 영양도 있는데 쓰임새가 마땅치 않아 버려지기 일쑤다. 이 부산물을 밀가루처럼 가루화해서 '리너지가루'로 만들었다. 밀가루보다 칼로리는 낮고 단백질과 식이섬유는 많다.

이후 가루를 반죽 등 재가공해서 시중의 에너지바처럼 만든 게 리너지바다. "'음식물 찌꺼기로 만든 거 아니냐'라고 반문할 수도 있지만, 첨가제가 거의 들어가지 않아 시중 에너지바보다 건강에 더 좋고 맛도 뛰어납니다."

엘리트였던 미국 교포, 삶과 죽음의 경계에서 삶의 방향을 전환하다

——

민 대표는 미국과 한국을 종횡무진 누볐던 엘리트 출신이다. 미국 캘리포니아에서 나고 자란 재미교포 3세로 대학 졸업 후 바이오테크(Bio-tech) 회사를 거쳐 다국적 컨설팅 기업에서 일했다.

하지만 한국 생활에 대한 열망이 있었기에 한국 땅을 밟았다. "어

▲ 리하베스트 민명준 대표

렸을 적부터 인종차별을 많이 겪었습니다. 스스로 주류가 아닌 곳에서 주류인 척하고 사는 게 싫어서 한국에 왔고, 하고 싶은 일에 몰두하면서 즐거운 나날을 보냈습니다." 남부러운 것 없는 삶이었다. 서울대학교에서 글로벌 MBA를 하며 한국 땅에 정착했고, 국내 4대 회계법인 중 하나에 들어가 컨설팅 업무를 맡았다.

승승장구하던 삶에 돌연 제동이 걸렸다. "2017년 말 대장에서 종양이 발견됐습니다. 당시 몸무게가 120kg까지 나갈 정도로 몸이 망가진 상태였어요. 휴직하고 수술을 받아야 했습니다."

죽음의 문턱을 넘기고 안심할 새도 없이 소중한 이를 떠나보내는 비극까지 겪었다. "수술하고 얼마 지나지 않아 어릴 적 친구가 사고로 세상을 떠났어요. 친한 친구였는데 바쁘다는 핑계로 자주 못 봤어요. 마지막으로 만났을 때 친구가 저 보고 너무 바쁘다고, 그동안 일만 했으니 이제 원하는 걸 찾아보라고 조언했어요. 그리고 3일 뒤 갑작스러운 사고로 친구가 하늘나라로 떠났죠." 허망하게 떠난 친구를 보며 그동안 자신을 옥죄어온 것들, 이를테면 대기업에서 인정받는 일이나 명성이 부질없게 느껴졌다. '다른 길'을 물색하게 된 계기다.

음식물 쓰레기와 장애인 노동 소외 문제를 엮어 푸드 업사이클 모델 구상

—

의미 있는 삶을 살아야겠다는 생각이 절실해졌다. 일단은 컨설팅 업계에 있었던 경험을 살리기로 했다. "회사를 관두고 미국에서 셰프로 일하는 여동생과 식당 브랜드 인큐베이터 활동을 시작했어요. 관련 업계를 보는 눈을 키워나갔습니다." 이때의 경험을 토대로 한국에는 없는 사업, 망해도 좋은 선례가 될 수 있는 일을 찾아다녔다.

그 과정에서 눈에 들어온 게 '사회적 가치'다. "다운증후군이 있는 친척 누나가 있습니다. 누나에게 살면서 가장 아쉬운 게 뭐냐 물었더니 '사회 구성원으로 정정당당하게 일하지 못하는 것'이라고 답하더군요. 가슴이 참 아팠습니다." 소외 계층과 함께 일할 수 있는 회사를 만들겠다고 결심한 계기다.

잦은 출장 경험에서 '푸드 업사이클링'이라는 아이템에 대한 힌트를 얻었다. "선진국에 가면 음식물 쓰레기가 엄청나게 쏟아져요. 반

18

면 빈곤 국가 사람들은 굶주림으로 죽어가죠. 다른 산업군에선 어느 정도 자리 잡은 업사이클링이 F&B(식음료) 분야에서는 시도되지 않고 있더군요. 예를 들어 자동차 산업은 폐차 후 생긴 고철로 새 차를 만드는 선순환이 자리 잡았습니다. 하지만 음식을 만들고 남은 부산물은 모두 버려집니다." 식음료 산업의 끊어진 순환을 연결하면서 장애인을 생산 체인에 포함하는 일을 해보기로 마음먹었다.

밀가루처럼 다양하게 활용할 수 있는 리너지가루

—

'부산물 찾기'에 몰두했다. 먹거리의 3분의 1이 버려지는데, 버려지는 것 중 55%가 제조공정에서 발생한다는 것을 알게 되었다. "음식물 제조공정에서 나오는 부산물 중 20~30%만 퇴비나 사료로 재활용되고 나머지는 환경부담금을 내고 버려지더라고요."

식료품 공장을 누볐다. 식혜 공장에서 보리 부산물 등 쓸 만한 여덟 가지 부산물을 찾았다. "식혜 공장이나 맥주 공장 사장님들이 저희 취지에 동감해 무상 공급을 해주기로 하셨어요. 오비맥주와는 독점 공급 계약을 맺었습니다." 업계 사람들은 애물단지였던 부산물이 생산적으로 활용될 수 있어서 좋다며 반겼다.

제공받은 맥주 부산물을 리너지가루로 가공하는 데 성공했다. 밀가루와 비슷해서 에너지바뿐만 아니라 파스타면 등으로도 활용할 수

▲ 리너지가루(왼쪽)와 리너지바(오른쪽)

있다. 재료가 거의 무상이라 생산 효율성이 좋다. 물량도 충분하다. 연간 36만 톤의 맥주 및 식혜 부산물이 발생한다. 1년간 우리나라 사람 1인당 21개의 빵과 57그릇의 국수를 제공할 수 있는 양이다.

제조공정에서 장애인들이 주도적인 역할을 한다. "다른 회사는 보통 장애인을 단순 제조에 동원하는데, 저희는 검수 과정에 투입했습니다. 장애인이 어느 하나에 몰두하면 비장애인보다 높은 집중력을 보이는 데 착안한 거죠. 제품을 검수하고 나면 끝냈다는 표시로 스티커를 붙이도록 합니다. 그날 기분에 맞춰 붙이라고 16종류의 스티커를 준비했습니다." 노동에 재미 요소를 부여했더니 효율성이 더 좋아졌다. 가치 사슬에 장애인을 포함하기 위해 발상의 전환을 한 셈이다.

가치 사슬에 포함된 장애인들은 환경보호 같은 사회적 문제 해결에 손을 보태고 있다는 사실에 긍지를 느낀다. "제가 공장에 가면 '에너지바 아저씨 왔다'라며 반깁니다. 스티커로 소비자에게 자신의 존재를 알릴 수 있다고도 뿌듯해하시죠. 세상에 도움이 돼 행복하다고들 하세요."

가치소비에 진심인 밀레니얼 세대가 타깃,
상품 다변화에 박차를 가하다

—

곳곳에서 가치를 인정받고 있다. 2019년 11월 리너지바 아이디어로 경기 업사이클링 공모전에서 대상을 받았다. 음식으로 해당 상을 받은 건 리하베스트가 최초다. 아시아 최초로 푸드 업사이클 협회에 가입도 했다. 오비맥주에서도 리하베스트에 손을 내밀었다. 두 회사는 2020년 11월 업무협약을 맺고 맥주 부산물을 이용한 다양한 식품을 개발하고 있다.

의미가 좋아 봤자 음식물 쓰레기 아니냐는 일부 시선에 굳이 맞설 생각은 없다. 대신 그들의 가치에 공감하는 핵심 타깃을 집중해 공략하고 있다. "스타트업은 대기업처럼 모든 계층을 대상으로 하는 마케팅을 할 수 없습니다. 저희 주요 타깃은 공공선을 추구하는 밀레니얼 세대입니다. 환경을 위해서라면 불편함을 감수하고 종이 빨대를 쓰죠." 이들을 중심으로 리하베스트의 팬덤을 형성하고, 팬덤이 대량생산으로 이어지는 선순환을 창출하는 게 목표다. 리너지바를 발판으로 가정 간편식, 원료형 제품 시장에도 진출할 구상이다.

민 대표는 '핵심 가치'를 놓쳐서는 안 된다고 강조했다. "저의 방향성에 공감해주시는 투자자분도 많지만 피봇(Pivot, 방향의 전환)을 권하는 분도 있습니다. 생산 과정에서 장애인을 제외하는 게 생산성 향상에 더 좋을 거라는 조언을 듣기도 합니다. 하지만 그럴 생각이 없습니다. 장애인에게 좋은 일자리를 주는 게 우리 핵심 가치 중 하나니까요. 이런 핵심 가치를 지켜야 오래 가는 것 같습니다. 여러 유혹에 흔들릴 수 있겠지만 매 단계에서 내가 중시하는 가치를 되짚어보면서 사업을 영위하면 좋겠습니다."

어디서든 펼쳐서 만드는 의자의 예상하지 못한 재질

종이가구 제조 기업
페이퍼팝 박대희 대표

"매년 190만 명의 1인 가구가 이사 갑니다. 그때 5천 톤이 넘는 폐가구가 버려지는데요. 대부분 매립되거나 소각 처리되어 환경에 악영향을 미칩니다. 이 비극을 막기 위해 재활용 가능한 종이가구를 만듭니다."

소셜벤처 '페이퍼팝' 박대희 대표의 말이다. 그는 재활용되고 유해물질이 없는 소재 '종이'로 착한 제품을 만들어 착한 가격에 판매한다. 책장, 의자, 선반, 침대, 반려동물 용품 등 종이로 못 만드는 게 없다. 가볍고 버리기 쉬워서 이사를 자주 다니는 1인 가구가 주요 타깃이다. 박 대표는 어떤 계기로 종이가구 장인이 되었을까.

95% 이상 재활용할 수 있는
'착한 가구'

———

페이퍼팝은 친환경 종이가구 스타트업이다. 높은 강도의 크라프트
지로 책장, 침대 등 가구를 만든다. 크라프트지는 잘 찢어지지 않고
튼튼해 식품 포장재, 중화물 포장재 등 산업용으로 자주 활용된다.

페이퍼팝의 종이가구는 95% 이상을 재활용할 수 있다. 무게는 가
볍다. 종이로 만든 침대 프레임은 9kg이고, 4단 책장은 4kg밖에 안
된다. 그러다 보니 이사가 잦은 1인 가구, 자취생이 자주 찾는다. 가
격이 일반 가구의 10분의 1에 불과한 데다 쉽게 조립할 수 있고 이
동과 폐기가 용이한 덕이다.

베스트셀러는 부피가 작은 책장과 종이 의자다. 종이 의자의 경우
페스티벌, 콘서트 같은 야외 행사에서 쉽게 쓰고 버려지는 용도로
주로 활용되었다. 비교적 크기가 큰 침대 프레임이나 수납장도 꾸준
히 잘 팔린다.

한 번 쓰고 버려지는
종이의 가능성에 주목하다

———

박 대표는 청소년 환경 운동단체 '그린 스카우트'에서 쓰레기를 줍
던 어린이였다. 어른이 된 후 종이로 과자상자 만드는 일을 했다.

▲ 페이퍼팝 박대희 대표

"2009년 군 전역 후 종이 패키지 회사에 들어갔습니다. 아르바이트로 시작했다가 말뚝을 박았죠. 과자 패키지의 틀을 짜고 디자이너와 최종본을 만든 뒤 거래처에 납품하는 일을 했어요."

이 일을 하면서 양질의 종이들이 한 번 쓰고 버려지는 현실에 아쉬움을 느꼈다. 종이의 새로운 용도를 발견하고 싶었다. 그렇게 떠올린 것이 바로 '종이가구'다. "회사 퇴근 후 홀로 연구 개발을 했습니다. 칼로 종이를 자르고 접으면서 초기 형태의 종이 책장을 발명했죠." 서울시 창업 지원 아이템으로 선정되면서 투자금을 받았다. 이를 기반으로 2013년부터 개인사업자로 종이가구를 만들어 팔기 시작했다.

종이로
가구를 만드는 법

—

사업 초창기에 종이 책장 주문만 하루 300건씩 들어왔다. 생산, 포장, 배송까지 모두 혼자 하니 일손이 턱없이 부족했다. "주문 후 한 달 뒤에나 제품을 받은 소비자들이 단 악플을 보고 사태의 심각성을 체감했습니다." 호기심으로 시작한 일이었지만 더 잘하고 싶다는 욕심이 솟구쳤다. 일의 체계를 잡아 나갔다.

일상에서 쓰일 물건인 만큼 연구 및 개발에 주력했다. 일반 조립 가구처럼 나사와 못으로 종이가구를 조립하고 연결하는 방법을 연구했다. "종이가구용 플라스틱 연결부재를 개발해 특허도 출원했습니다. 기존의 볼트, 너트보다 커서 공구 없이 손으로 쉽게 조립할 수 있죠." 실용신안·디자인권도 취득했다. 2017년에는 종이 책장으로 환경산업기술원의 '에코 디자인상'을 받았다. 친환경적 디자인 제품에 주는 상이다.

종이는 하중과 수분에 약하다는 편견을 깼다. 1인용 가구가 주로 사용하는 합판 소재의 저가 가구와 비교했을 때 구입과 처분 비용도 저렴하다. "박스용 종이, 시중 골판지보다 강도가 3~4배 높은 강화 골판지를 사용했습니다. 또한 일반 박스보다 섬유조직이 많은 AP판지(올펄프)를 사용하고 특수방수코팅을 적용해 물에 젖어도 닦기만 하면 원상 복귀되죠." 종이 한 장이 아니라 여러 장을 이용해 하중을 분산시켰다. 책장은 180kg까지 견딜 수 있다. 침대는 최소 300kg

의 무게를 지탱한다.

　주요 저가 가구 소재인 엠디에프(MDF), 피비(PB)와 비교했을 때 종이가구의 장점이 두드러진다. "MDF와 PB는 나무 부스러기와 접착제를 섞어 만들어 재활용이 거의 불가능합니다. 반면 페이퍼팝 제품은 모두 재활용할 수 있습니다. 단, 제품에 부착된 연결부재를 분리해 버려야 합니다." 처분도 쉽다. 일반 소형 가구를 버릴 때 폐기물 처리비용을 내야 하지만 종이가구는 별도 비용이 들지 않는다. 합판보다 가벼워 배송비도 저렴하고 이동과 보관이 용이하다.

　틈틈이 소비자의 반응도 검증했다. "신제품을 기획할 때마다 크라우드 펀딩으로 소비자 반응을 살폈습니다. 지금까지 수십 차례 크라우드 펀딩을 진행해서 성과가 좋으면 양산에 들어갔습니다." 이 방식으로 서너 달에 하나꼴로 신제품을 출시했다.

가성비 가구 업체에서
친환경 가구 업체로 방향성 튼 이유

—

페이퍼팝은 설립 초기에는 저렴한 가구를 만드는 '가성비 좋은 스타트업'으로 출발했다. 하지만 뭔가 공허했다. 물건을 많이 파는 것 이상의 목표가 필요하다고 생각했다. "2018년 대기업이 후원하는 스타트업 지원 프로그램에 참여했습니다. 이때 처음 소셜벤처라는 개념을 접했는데요. 오랜 고민에 대한 답이 여기에 있을 것 같았어요."

◀ 페이퍼팝의 종이가구

　소셜벤처란 사회적 기업과 달리 사회적 문제를 해결하는 비즈니스 모델을 통해 수익을 내면서 자립할 수 있는 스타트업을 말한다. "소셜벤처로의 방향 설정이 사회와 회사의 지속 가능성을 동시에 도모하는 길임을 지원 프로그램을 통해 깨달았습니다. 그렇게 소셜벤처로 법인을 냈습니다."

　본격적으로 '친환경 종이가구 소셜벤처'로서의 행보를 밟았다. "값싼 접착제 등 친환경 기조와 맞지 않는 기존 제작 방식은 과감히 버렸습니다. 포장재도 바꿨습니다. 저렴한 비닐 대신 비싼 종이를 택했죠."

종이라는 소재의 특성은 위기의 순간에 빛을 발했다. "2020년 코로나19 감염병 여파로 연 2만 개씩 팔리던 베스트셀러 '야외용 등받이 의자'의 판매량이 급감했는데요. 재빨리 신제품 '코로나 파티션'을 출시해 역전에 성공했습니다." 플라스틱, 철 소재 회사보다 개발 기간이 짧은 덕에 가능한 일이었다.

"종이가구계의
이케아를 꿈꿉니다."

—

찾는 곳이 많다. B2B 거래로 대기업, 전시회관, 미술관 등에 종이로 만든 의자와 팝업 부스를 납품했다. "조선시대에도 종이가구가 있었어요. 20세기 들어 값싼 소재에 밀려났을 뿐이죠. 최근 종이 가공술이 발달하고 친환경 기조가 맞물리면서 종이가구가 다시 주목받고 있어요."

혁신성과 사회적 의미를 높게 평가받아 다양한 기관으로부터 인정을 받았다. "종이가구로 유명한 외국 기업 몇 군데가 있어요. 제품이 예쁘고 의미도 좋지만 가격이 비싼 편이라 한국에 알려지지는 않았죠. 종이는 사실 플라스틱보다 비싼 소재예요. 사람이 직접 종이를 접어야 해서 인건비도 들고요." 페이퍼팝은 제품 구조를 짤 때부터 대량생산을 할 수 있도록 만든다. 로봇을 투입해 공정을 자동화했다. 덕분에 타사 종이가구 대비 3분의 1의 가격으로 제품을 공급하고 있다.

친환경 생활 방식을 견인하는 회사가 되는 게 목표다. "해결하고자 하는 문제가 확실해지면 사업은 어렵지 않은 것 같아요. 저 역시 미션이 없던 시절이 더 힘들었거든요. '편안함과 친환경' 두 가치를 전달하고 싶습니다. 지속 가능한 가치를 공유하는 기업으로 거듭나겠습니다."

친환경 패션이 지루하다고요?
이렇게 섹시한데…

친환경 패션 및 비건 가죽 제조사
컨셔스웨어 서인아 대표

친환경 제품은 '착한 마음에 구매는 했는데, 어딘가 아쉬운 제품'이라는 인식이 있었다. 친환경 2.0 시대로 진입하면서 판도가 달라졌다. 친환경 딱지를 떼고 봐도 지갑을 열고 싶은 제품이 쏟아지고 있다.

패션 스타트업 컨셔스웨어가 운영하는 네이크스도 그런 패션 브랜드다. 유기농 면이나 선인장, 한지를 압착한 식물성 가죽으로 옷과 가방을 만든다. 모두 생분해 가능한 소재. 세련되고 멋진 디자인 덕분에 선의에 호소하지 않고도 구매욕을 자극한다. 그래서 친환경 가죽 전문 제작·유통 기업으로 본격적인 출사표를 던졌다. 컨셔스웨어의 서인아 공동대표를 만나 친환경 패션의 확장 가능성에 대해 물었다.

친환경 패션의
진화를 이끄는 기업

—

컨셔스웨어는 친환경 패션 스타트업이다. 이 기업의 첫 번째 축은 패션 브랜드 네이크스다. 선인장이나 버섯 균사체 등으로 된 비건 가죽, 유기농 면, 도토리 단추 같은 생분해·식물성 소재로 패션 의류나 잡화를 만든다. 공정도 친환경적이다. 친환경 처리 약품과 코팅제 등으로 만든다. 상의와 하의가 일체형인 점프수트와 선인장 가죽으로 만든 비즈니스 백이 인기다.

두 번째 축은 친환경 가죽 생산이다. 최근 친환경 가죽 테크(tech) 분야에 뛰어들었다. 자투리 가죽을 갈아서 압착한 재생 가죽, 옥수수 가죽 등 친환경 가죽 등을 직접 개발 및 생산해서 유통까지 할 구상이다. 이를 위해 친환경 가죽 특화 공장, SK케미칼 등과 손 잡았다.

패션 산업의 민낯에
실망한 의류학도

—

서인아 대표는 경희대학교 의상학과 출신이다. 옷을 직접 디자인하는 것보다는 소재와 패션 비즈니스에 관심이 많았다. 졸업 전 패션 기업의 생산관리자로 취업했다. 주문을 받아 제품을 해외로 수출하는 해외 영업 업무를 했다. 주로 여성복, 임부복, 유아복 등의 대량생

▲ 컨셔스웨어 서인아 대표

산을 담당했다.

직장 생활을 하면서 많은 걸 배웠지만 해를 거듭할수록 회의감이 커졌다. "상상 이상으로 버려지는 옷이 많았어요. 일단 생산량이 어마어마합니다. 분기당 60종류의 옷을 적으면 1만 벌, 많으면 30만 벌 가까이 생산합니다. 바이어에게 보이고 버려지는 샘플은 1,500장에 달했죠. 한 주가 지나기 무섭게 폐기물이 쌓였어요." 심지어 좋은 재료와 공정으로 양질의 샘플을 만들어 놓고, 생산에 들어가면 질 나쁜 원료로 바꿔 만드는 일이 비일비재했다. 이런 행태에 완전히 지쳐버렸다.

3년 일한 회사를 관두고 유럽 여행을 떠났다. 한 달간 영국, 프랑스, 포르투갈 등의 국가를 돌았다. "문득 프랑스에 별로 친하진 않았지만 대학 동기가 있다는 게 떠올랐어요. 지금의 공동창업자인 서지흔 대표였죠. 당시 서 대표는 명품 브랜드 시제품을 제작하는 아뜰리에에서 근무 중이었어요. 파리에서 서 대표를 만나 저녁 식사를 하면서 이런저런 이야기를 나눴는데요. 서 대표 역시 부푼 꿈을 안고 간 파리에서 패션업계의 어두운 단면을 직접 겪고 실망했대요." 서지흔 대표가 일했던 아뜰리에의 구성원 대부분이 아시아나 개발도상국 출신이었다. 서지흔 대표는 이들이 생산한 명품을 돈 많은 선진국의 소비자가 구매하는 괴리에 회의감을 가졌다. 이날 두 사람은 서로 지속 가능한 패션에 관심이 많다는 사실을 알게 되었다.

서인아 대표는 귀국 후 숨 돌릴 겸 팬시 브랜드를 운영했다. "크게 키울 요량보다는 취미 삼아 시작했는데 꽤 잘됐어요. 텐바이텐이나 교보 핫트랙스 같은 인기 문구점에 입점했고, 영국의 문구점에서 입점 제안도 받았죠. 브랜드를 직접 운영해보니 사업을 해도 괜찮겠단 생각이 들었어요." 때마침 서지흔 대표가 귀국했다. 둘은 만나서 지속 가능한 패션 분야로 창업을 해보기로 했다.

친환경 패션 브랜드
네이크스의 론칭

—

'지속 가능한 패션'을 키워드로 설정하고 패션 산업 전반을 공부했다. 공방이나 공장을 다니며 기초를 쌓았고 가죽을 비롯한 다양한

▲ 가죽 시트를 재활용하는 모습(왼쪽)과 공장 내부(오른쪽)

패션 소재를 연구했다. 2019년 자투리 가죽으로 만든 가방 스트랩과 벨트 아이디어로 업사이클 공모전에서 서울시장상을 수상했다. 개인사업자로 '네이크스(nakes)'라는 이름의 친환경 패션 브랜드도 론칭했다.

창업 초반에는 '지루하지 않은 패션'에 주안점을 뒀다. "버섯 균사체 가죽, 한지 가죽, 선인장 가죽 등의 친환경 가죽으로 브라렛 같은 파격적이고 유니크한 패션 아이템을 만들었어요. 걸그룹 마마무의 화사가 저희 제품을 착용하면서 화제 몰이가 됐죠."

다양한 친환경 소재 중에서도 가죽에 주목했다. "가죽은 다른 소재보다 높은 전문성을 요구하는 소재예요. 친환경 가죽만의 특성이 있어서 이 분야를 잘 파고들면 차별성을 갖출 수 있겠다 싶었습니다. 앞으로 더 발전할 여지가 많은 영역이기도 하고요." 가죽을 좋아하는 개인적인 취향도 한몫했다. 가죽은 닳으면 닳은 대로 매력적이고, 카시트나 신발 등에도 적용할 수 있어 범용성이 큰 소재다. 다른 소재가 유행했다가 저무는 동안에도 가죽 수요는 계속 유지되리라 판단한 것이다.

이때부터 가죽 공부에 돌입했다. "지인을 통해서 가죽 분야로 진출한 분들을 소개받아서 무작정 만나고 다녔어요. 사무실이 동대문에 있었는데, 패기 넘치게 근처의 공장을 무작정 방문하기도 했어요." 공장에서 궁금한 걸 질문하고 공정 과정을 지켜봤다. "친환경 가죽, 인조가죽, 소가죽을 비교하는 실험을 진행하면서 친환경 가죽의 품질을 높이는 법 등도 연구했습니다."

친환경 가죽을
직접 개발하기로 결심하다
—

소재 연구를 하면서 브랜드를 운영하다 보니 욕심이 생겼다. 브랜드가 아니라 기업으로 성장하고 싶었고, 부족한 경영 지식에 대한 갈증이 생겼다. 카이스트(KAIST) 사회적 기업가 경영전문대학원에 진학했다. 이곳에서 배운 내용을 토대로 사업 방향성을 재설정하기로 했다. 2021년 1월, 컨셔스웨어 법인을 설립했다.

방향성을 틀면서 브랜드 정체성을 재정립했다. "디자인을 이전의 파격적인 스타일 대신 타임리스(Timeless, 유행을 타지 않는) 스타일로 변경하기로 했어요." 더 많은 사람이 찾는 브랜드가 되어야 큰 영향력을 끌어낼 수 있다고 판단한 것이다. 가죽 수급 방식도 바꿨다. "가죽을 외국 등에서 소싱하다가 직접 개발해서 유통까지 하기로 했어요. 패션 기업이 오래 살아남으려면 기술이 있어야 한다고 생각했거든요. 친환경 가죽의 품질을 높일 수 있는 가장 직접적인 방법이기도 했고요."

그렇게 친환경 가죽 개발에 뛰어들었다. "소비자에게 친환경 소비의 당위를 설명하는 대신 생산 방식에 변화를 주려고 한 겁니다. 공급자 입장에서 '대체 생산'에 주목한 거죠."

물론 진짜 동물 가죽이 꼭 필요한 영역도 분명 존재한다. 하지만 그렇지 않은 분야도 많다. 컨셔스웨어는 후자의 영역을 친환경 가죽으로 대체하려 한 것이다. "저희가 생각하는 지속 가능한 산업이란 생산 과정에서 환경에 미치는 피해를 최소한으로 한 것인데요. 친환경 가죽을 확산해서 가죽 산업 전반의 오염물질 발생량을 줄이고 싶었습니다."

실제로 동물 가죽은 환경에 지대한 영향을 미친다. "동물 가죽은 친환경 가죽보다 환경오염 지수가 3배 이상 높아요. 공정 과정에서 물을 더 많이 쓰고 더 많은 탄소를 배출하거든요. 또 동물 가죽을 무두질할 때 크롬이라는 중금속을 사용합니다. 가죽 자체는 자연 소재지만, 제조 과정에서 중금속에 노출되면서 폐기될 때 토양이나 수질 오염을 유발하죠." 그 대안으로 등장한 게 폴리우레탄을 소재로 한 인조가죽이다. 폴리우레탄 가공 가죽이 동물 가죽보다는 환경에 악

영향을 덜 미친다고는 하지만, 그래도 환경에 좋지 않은 점이 여전히 많다. "SK케미칼과 손잡고 옥수수에서 추출한 바이오소재, 폴리우레탄을 가공해서 만든 '옥수수 가죽'을 개발 중입니다. 식물성 바이오 원료를 기반으로 하기 때문에 생산 과정에서 온실가스가 덜 발생합니다."

친환경 가죽은 여러모로 이점이 많다. "생산자 입장에서 동물 가죽은 동물을 자른 모양이라 활용할 수 있는 영역이 적어요. 반면 친환경 가죽은 직사각형 원단으로 나오기 때문에 동물 가죽보다 효율이 좋습니다." 동물 가죽이 물이나 햇빛에 약한 데 반해 친환경 가죽은 상대적으로 빛과 물에 강한 편이다. 또한 배합에 따라 가죽의 경도나 느낌을 조절할 수도 있다. "인조가죽과 비교했을 때 갈라짐이 적고 내마모성이나 내구성이 좋은 편입니다. 사용감 측면에서 친환경 가죽은 동물 가죽 특유의 냄새가 없고요. 가방으로 착용했을 때 촉감이 폭신하고 가벼운 편입니다."

목표는 브랜드를 발판으로 한 글로벌 패션 기업

브랜드 네이크스는 우리 소비생활에 깊숙이 침투하는 중이다. 29CM, 무신사처럼 인기 커머스 플랫폼에 입점한 데 이어 현대백화점의 친환경 전문관에 진출했다. 신세계백화점과 롯데백화점에서는

▲ 컨셔스웨어의 제품

친환경 팝업스토어를 운영했다.

　비즈니스의 공익성과 독특함 덕분에 외부의 주목도 많이 받았다. 2021년 여름, 현대자동차와 협업해 300여 명의 옷을 수거해서 리폼한 후 돌려주는 업사이클 티셔츠 캠페인을 진행하며 큰 관심을 모았다. "많이들 호기심을 보입니다. 환경 이슈에 관심 많은 소비자층으로부터 이런 소재는 어떻게 만들어지냐는 질문을 많이 받았어요. 패션 전공자나 동종업계 종사자분들로부터 소재 구하는 법에 대한 자문을 구하는 연락도 많이 받았죠." 이런 크고 작은 관심이 지금의 컨셔스웨어를 이루었다.

　친환경 가죽 분야에서 최고의 기업을 꿈꾼다. "우리나라 가죽 시장은 세계 10위 규모로 큰 편이에요. 파급력이 큰 시장이죠. 이런 우리나라에서 친환경 가죽 부문 1위 기업이 되고 싶어요. 가죽 브랜딩을 잘해서 해외에 진출하겠다는 욕심도 있어요. 저희에게는 브랜드라는 든든한 다리가 있으니까요. 요즘 해외 편집숍 입점 제안이 많이 들어오고 있는데요. 브랜드를 발판으로 글로벌한 친환경 패션 기업이 되길 소망합니다."

불면증으로 고생하는 동료에게 삼성전자 엔지니어가 준 해결책

생체리듬 케어 스타트업
루플 김용덕 대표

'고래 관찰 투어'는 하와이의 대표 여행 상품이다. 고래를 볼 수 있는 황금 시간대는 일출 전과 일몰 후다. 고래는 시계도 없는데 그 시간만 되면 귀신같이 나타난다. 몸 안의 생체시계 때문이다. 고래뿐만이 아니다. 모든 생명체는 생체시계를 지니고 있다. 그중에서도 척추동물은 눈에 들어오는 빛을 통해서 시계를 조절한다. 시간대에 따라 달라지는 빛의 파장을 토대로 낮과 밤의 차이를 인식한다.

그러나 조명이 발명된 후 생물체들의 생체시계가 고장 났다. 낮에는 일조량이 부족하고, 밤에는 밝은 조명에 과도하게 노출되어 생체시계가 제대로 작동하지 못한다. '루플'은 빛으로 생체시간을 재설정하는 생체리듬 케어 스타트업이다. 라이트 테라피(Light Therapy, 광선요법) 기술로 낮에는 집중력을, 밤에는 수면을 관리한다. 삼성전자 엔지니어 출신 김용덕 루플 대표에게 생체리듬에 꽂힌 이유를 들었다.

빛으로 생체시계를
재설정하는 스타트업

—

생체리듬은 하루 24시간을 주기로 일어나는 생체 내 과정을 뜻한다. 주기의 리듬은 생체시계에 의해 조절된다. 생체리듬 케어 스타트업 루플은 빛으로 생체시계를 재설정해 수면과 집중력을 관리한다. 참신한 아이디어로 미국 라스베이거스에서 열리는 세계 최대 가전박람회인 CES(소비자가전전시회)에서 2년 연속으로 혁신상을 받았다.

보유 기술은 세 가지다. 각성과 이완을 빛의 파장으로 제어하는 기술과 데이터 기반 인공지능(AI) 수면 개선 플랫폼 그리고 라이트 테라피 기기 구현 기술이다. 생체시계를 각각 낮과 밤으로 설정해주는 라이트 테라피 조명 올리(Olly) 2종은 미국, 유럽 등 7개국에 수출 중이다. 세 가지 기술을 모두 아우른 종합 수면 관리 솔루션 '8est'는 기업과 병원 중심으로 도입되고 있다.

커피 달고 사는 수험생 모습에
충격받은 삼성맨

—

꽂히면 한 우물만 파는 성격이다. "고려대에서 전기전자공학을 전공하고 같은 전공으로 석사까지 마쳤습니다. 1999년 삼성전자의 엔지니어로 취업했어요. 10년 가까이 40개의 팀과 협업해 노트북 개

▲ 루플 김용덕 대표

발을 주도했죠. 2008년부터 1년간은 '가치혁신 전문가'로 활동했어요." 당시 삼성은 제품별로 상이했던 설계 과정을 라인업 기준으로 표준화해서 채산성을 높이는 작업을 하고 있었다. 가치혁신 전문가는 회사의 모든 제품을 일일이 뜯어본 후 이 작업에 도움되는 조언을 하는 직무다.

"정말 많은 걸 배웠습니다. 문제 해결에 흥미를 느껴 사내 공모전인 모바일 콘테스트에서 대상을 받은 적도 있어요."

20년 차 직장인이 되자 동료들의 지친 얼굴이 눈에 들어오기 시작했다. "회사가 급성장하던 시기라 전 팀원이 야근을 불사해가며 일했는데요. 점점 몸이 상하는 게 보이더라고요." 그중에서도 유독 불면증에 시달리는 동료가 많다. 수면 부족은 정신건강 전반과 직결

되는 위험한 증상이다. 잠이 부족하면 불안감이나 우울감 같은 부정적 감정의 증대, 공격성 증가, 집중력 저하, 신경 퇴행 같은 심각한 문제가 발생할 수 있기 때문이다.

동료들이 불면에 시달린 건 오랜 실내 생활 때문에 생체리듬이 깨진 탓이었다. "생체리듬은 빛과 큰 관련이 있어요. 보통 행복 호르몬이라고도 불리는 세로토닌은 낮에 풍부한 빛을 받아야 분비되는데요. 낮에 세로토닌이 충분히 만들어져야 숙면에 꼭 필요한 호르몬인 멜라토닌이 밤에 잘 분비됩니다." 김 대표와 동료들은 실내 중심의 생활을 하다가 호르몬 분비에 문제가 생겨 생체리듬까지 붕괴된 것이다.

주변의 생체리듬 통제 수단을 살펴보던 과정에서 공부를 위해 수단과 방법을 가리지 않는 수험생들의 모습에 큰 충격을 받았다. "아들 덕분에 진학 준비 중인 자녀를 둔 학부모들과 자주 어울렸는데요. 대부분 학부모가 아이들이 커피와 에너지 드링크에 과도하게 의존하고 있다며 걱정하더라고요. 하버드대 학생들은 집중력 향상을 위해 시험 기간에 ADHD(주의력결핍과다행동장애) 치료 약을 복용하고, 시험 후에는 멜라토닌 약에 의존해 잠을 잔다는 정보도 접했어요. 학업 때문에 약물에까지 손대고 있던 거죠." 아이를 둔 아버지로서 안타까웠다. 비약물적인 집중력 관리 수단을 만들어보기로 결심했다.

낮은 낮답게, 밤은 밤답게
조명을 만들어 수출하다

—

2018년 '인공지능을 이용해 집중력을 향상시켜주는 나이트 디바이스' 아이디어로 삼성전자의 사내벤처 육성제도 씨랩(C-lab)에 도전해 선정되었다. "각성을 촉진하는 파장의 빛을 조명으로 구현해 멜라토닌을 억제해서 잠을 깨우고, 집중력을 높여주는 방식이었어요. 이 아이디어로 높은 경쟁률을 뚫고 회사의 지원을 받게 됐죠."

그러다 문득 근본적인 물음에 도달했다. '과연 공부만 열심히 하는 게 행복한 삶일까. 학생 때는 공부 못지않게 양질의 잠을 자는 게 중요하지 않나.' 하는 의문이 떠올랐다. 불면에 고통받던 옛 동료들의 모습도 아른거렸다. "그래서 빛을 활용해 숙면을 돕는 제품도 개발하기로 했어요."

2019년 6월, 삼성전자로부터 스핀오프(분사)하고 루플 법인을 설립했다. "2017년, 몸속에서 생체시계를 관장하는 메커니즘을 발견한 과학자들이 노벨 생리의학상을 수상하면서 생체리듬 개념이 각광받기 시작했어요. 미국·유럽 등 선진국에서는 라이트 테라피로 삶의 질을 높이려는 시도가 활발했어요. 우울증 치료 용도로도 활용되고 있었죠." 반면 우리나라에서 생소한 개념이었다. 라이트 테라피의 메커니즘부터 설명하는 게 급선무였다.

2020년 7월, 라이트 테라피 개념을 직관적으로 보여주기 위해 전략적으로 낮과 밤 조명 '올리 시리즈'를 출시했다. "빛의 파장이 신

▲ 올리데이(위)와 올리나이트(아래)

체에 미치는 영향을 쉽게 이해시키려고 용도별로 제품을 나누었어
요. '올리데이'는 아침 햇빛의 분광 분포와 비슷하도록 파장을 설계
해 조명을 약 20분간 쐬면 뇌가 아침으로 인식해 각성 효과를 일으
킵니다. 저녁용 조명 '올리나이트'는 멜라토닌 분비를 방해하지 않는
파장을 내요." 맑은 정신이고 싶을 때는 올리데이를, 쉬고 싶을 때는

올리나이트를 쓰면 된다.

집중력 향상에 특화된 올리데이에는 '디지털 카페인'이라는 별명을 붙였다. "카페인 섭취 대신 빛으로 각성하라는 뜻에서 커피잔 형태로 제품을 디자인했어요." 에스프레소 한 잔을 마시면 각성하는 데까지 30분이 걸리는데, 올리데이를 사용하면 20분 만에 정신이 맑아진다. "제품의 효능을 입증하는 데도 공들였어요. 카이스트와의 공동 실험을 통해 올리데이 사용 시 집중할 때 발생하는 뇌파인 베타파가 증가한다는 점도 밝혀냈어요."

올리 2종은 라이트 테라피가 활성화된 선진국 중심으로 호응을 얻었다. "미국·스위스·캐나다·일본·독일·영국 등 7개국에 올리를 수출하고 있습니다. 스위스에서는 약국에서 올리가 판매되고 있습니다. 미국에 핵전쟁에 대비해 벙커살이를 준비하는 이들을 위한 쇼핑몰이 있는데요. 이곳에서도 올리를 판매하고 있어요." 신기하고 재미있어서 입점한 건데, 나름의 합당한 이유가 있었다. 벙커살이를 하면 햇빛을 볼 수 없으니 햇빛을 대체할 올리 같은 조명이 필요했던 것이다.

잠든 8시간이 아니라
깨어 있는 16시간이 숙면을 좌우한다
—

올리로 라이트 테라피의 직관을 제시했으니 이번에는 '세계관'을 보여줄 차례였다. 생체시계를 재설정해 원하는 수면 패턴을 유지할 수 있도록 돕는 솔루션 '8est'를 개발했다. "숙면을 위해 침대와 베개를 교체하는 분들이 많은데요. 더 근본적인 해결책을 찾아 나섰어요. 많은 사람은 잠자는 8시간에 집중하는데, 저희는 깨어 있는 16시간에 초점을 맞추기로 했어요." 눈 뜨고 활동하는 16시간이 생체시계를 재설정할 수 있는 골든타임이라는 점에 착안한 아이디어다. 깨어 있는 16시간을 8시간의 각성 시간과 8시간의 이완 시간으로 분리해서 접근했다.

8est 솔루션을 이루는 축은 앱 서비스, 라이트 테라피 기기(조명 기기), 데이터 매니저의 세 가지다. "앱에 취침 시간과 기상 시간을 입력하면, 빛으로 생체시계를 재설정할 때를 알려줍니다. 아침 빛이 필요하다는 알림과 함께 낮의 파장을 내주고, 저녁엔 밤의 생체시계를 설정하는 파장을 내주는 식이죠." 기기는 올리데이와 올리나이트를 합친 형태로, 낮과 밤의 파장을 모두 구현할 수 있다. 기상 후에는 수면 일기를 작성하게 한다. 수면에 대한 주관적인 평가도 중요한 잣대이기 때문이다. "이 모든 기록은 데이터 매니저에 저장됩니다. 데이터 매니저는 16시간 동안 관리한 결과가 수면 시간을 어떻게 바꾸는지 보여줘요. '빛'이 이용자의 수면에 끼치는 영향을 통계와 데이터로 제시하죠."

대학병원과의 공동 연구를 통해 8est 알고리즘의 수면 개선 효과를 검증했다. "2주간 수면 장애를 겪고 있는 이들의 생체시계를 재설정한 후 이들의 수면 개선 패턴을 분석했어요. 수면 시간이 증가하고 취침 시간이 앞당겨지는 등 11개의 수면 패턴 측정 항목 중 8개 항목에서 유의미한 결과가 나왔죠. 속으로 쾌재를 불렀습니다." 이 연구 결과가 의미하는 바는 크다. 생체시계를 재설정하는 것만으로도 수면 방식과 질을 바꿀 수 있다는 점을 시사한 것이다.

2년 연속 CES 혁신상 수상, 목표는 종합 생체리듬 관리 기업

—

빛으로 세상의 스포트라이트를 한 몸에 받았다. 2년 연속으로 CES에서 혁신상을 수상했다. 2021년에는 올리 기기로, 2022년에는 수면 솔루션으로 상을 받았다. 하드웨어와 소프트웨어 모두 인정받았으니 스타트업으로서는 너무나 큰 영예다.

"가장 큰 위안이 되는 건 이용자들의 후기예요. 한 영국인 소비자로부터 메일을 받은 적이 있어요. 아들을 돌연사로 잃은 충격에 우울증과 수면 장애로 어려움을 겪고 있었는데 올리의 도움으로 잠들 수 있게 되어 감사하다고요. 이 일을 하길 잘했다고 느낀 순간이었습니다."

종합 생체리듬 관리 서비스가 되는 게 목표다. "간호사, 생산직 근로자 등 교대 근무를 하시는 분들은 생체리듬이 무너지기 쉬운 환경에 놓여 있어요. 간호사의 유방암 발병률이 높다는 통계도 있죠. 병원, 기업 중심으로 저희 솔루션을 도입할 계획이에요." 장기적으로는 건강의 기본인 생체리듬 영역을 선도하는 기업을 목표로 한다. 이를 위해 빛뿐만 아니라 운동, 식사, 약물, 카페인 등의 생체시계 변동 요인까지 관장할 구상이다. "달콤한 잠과 건강을 선사하는 기업이 되겠습니다."

6일째 빈집에 방치된 댕댕이, 구조 나선 청년의 반전 정체

반려동물 돌봄 서비스
도그메이트 이하영 대표

반려동물과 함께 사는 이들은 마음 편히 휴가나 출장을 떠날 수 없다. 짧은 이별의 순간마다 반려동물의 애처로운 눈빛을 마주해야 하기 때문이다. 반려동물 입장에서 가족의 부재는 극심한 스트레스 요인이다. 아이를 돌보는 베이비시터처럼 반려동물을 돌보는 펫시터 시장이 성장하는 이유다.

반려동물 돌봄 서비스 도그메이트에서는 펫시터를 쉽게 구할 수 있다. 애플리케이션(앱)에서 펫시팅을 신청하면 반려동물 돌봄 경력 3년 이상의 펫시터가 내 집에 찾아온다. 돌봄 시간 내내 액션캠으로 실시간 영상을 찍어줘 안심하고 맡길 수 있다. 땅콩, 버터, 크림이라는 3마리 강아지의 가족이자 1,500만 펫팸(Pet-Family)족의 난제를 해결한 도그메이트 이하영 대표를 만났다.

엄격한 절차 거쳐 선발된
펫시터만 예약할 수 있는 플랫폼

—

도그메이트는 개와 고양이를 대상으로 펫시터 예약 서비스를 제공하고 있다. 펫시터는 반려동물 밥 주기, 환경 정리, 실내 놀이, 산책 등의 서비스를 제공한다. 병원이나 미용실 등 특정 장소까지 픽업해 주는 서비스도 있다. 돌봄 과정은 모두 녹화된다. 돌봄은 30분 단위로 예약할 수 있다.

펫시터는 엄격한 절차를 통해 선발된다. 3년 이내에 반려동물을 키운 경험이 있거나 반려동물을 키운 경력이 10년 이상이어야 펫시터로 응시할 수 있다. 지원자는 서류접수를 거쳐 2차 서면 인터뷰,

◀도그메이트 앱

3차 화상 인터뷰를 거쳐야 한다. 이렇게 선발된 펫시터는 오프라인 교육을 받고 현장에 투입된다.

푸들 땅콩이와 버터를 키우며 고충을 느끼다

—

보장된 미래에 안주하지 않고 불확실성에 도전하며 20대를 보냈다. "인천대에서 신소재공학을 전공했습니다. 학창 시절 스마트폰 부품 공급사에서 현장실습도 했어요. 전망도 좋고 전공지식도 살릴 수 있는 기회였죠. 하지만 거기서 만난 사회 선배들의 모습은 제 희망사항과 달랐어요." 한 직장에서 20년을 보내는 것보다는 다양한 활동으로 삶의 반경을 넓히고 싶었다. "한국사회적기업진흥원의 사회적기업 전문가 과정을 이수했습니다. 이후 서울창업허브의 행사를 총괄하는 등 다양한 활동을 했습니다." 그렇게 자연스럽게 스타트업 생태계에 스며들었다.

2012년 한 스타트업에 들어갔다. "소상공인 O2O 서비스 스타트업에서 서비스 기획과 개발 관리를 했어요. 손님이 적은 시간대에 음식이나 서비스를 저렴한 가격에 제공하는 플랫폼이었죠." 이때 경험을 토대로 재능 거래 플랫폼의 서비스 기획자로 이직했다. 이곳에서 미술, 음악, 글쓰기 등 각 분야의 능력자들이 재능을 거래하는 모습을 보고 부업과 투잡의 무궁무진한 가능성을 엿봤다.

두 번째 회사를 다닐 때 눈에 넣어도 아프지 않은 푸들 땅콩이와 버터를 가족으로 맞이했다. "땅콩이는 유기견이었고 버터는 파양당한 경험이 있어요. 아픔이 큰 만큼 분리불안이 엄청났죠. 출장이나 여행을 떠날 때 호텔에 맡기기라도 하면 하루 종일 물 한 방울 안 마시고 대소변조차 안 볼 정도였어요." 정말 미안하면서도 이 불편함을 평생 감수할 수 있을까 걱정되었다.

강아지와 산책하던 중 마주한 아주머니들의 푸근한 인상을 보고 신사업 아이디어를 떠올렸다. "저렇게 선해 보이는 분들에게 아이들을 맡기면 스트레스를 덜 받지 않을까. 문득 그런 생각이 떠올랐어요." 당시 재직 중이었던 회사 플랫폼에서 사람들이 '재능'을 거래하듯 반려동물 '돌봄'을 거래하는 아이디어를 구상한 것이다. "반려동물 카페에서 품앗이로 돌봄 거래가 이뤄지긴 했지만 시터에 대한 정보가 너무 부족했어요. 카페 가입자라는 사실 외에 사전에 알 수 있는 정보도 턱없이 부족했고요." 시터에 대해 믿을 만한 정보를 제공하는 플랫폼이 있으면 좋겠다고 생각했다.

직접 반려동물 돌보며 쌓은 노하우, 방문 돌봄 서비스로 사업을 확장하다

—

2015년 10월, 도그메이트 법인을 설립했다. "다양한 시도로 회사를 키웠어요. 처음에는 장기 여행자를 대상으로 시터의 집에 강아지를 맡기는 '호텔링'으로 시작했습니다. 홈페이지로 예약을 받았죠." 그런데 서비스 재이용률이 낮아 고민이었다. 사람들이 긴 여행을 자주 떠나지 않으니 그만큼 수요가 발생하지 않았다. 게다가 이용자 10명 중 3명은 '우리 강아지를 낯선 집에 맡기기가 불편하다'라는 피드백을 남겼다. "대대적인 서비스 개편이 필요했습니다."

2016년 중반, 방문 돌봄 서비스를 시범적으로 시작했다. 이 대표 본인을 포함한 도그메이트 팀원 3명이 직접 반려동물을 돌봤다. 반려동물과 친해지는 법을 터득하기 위해 무료로 서비스를 제공한 적도 많았다. "첫 방문 고객은 진돗개였어요. 충성심이 강한 만큼 낯선이에 대한 경계심이 큰 견종이죠. 아이가 마음의 문을 열지 않아서 견주분과 어울리는 모습을 일부러 보여줘야 했어요." 체중이 성인 여성 수준에 달하는 대형견(카네 코르소)을 돌보며 진땀을 뺀 적도 있다. 반면 시추처럼 붙임성 좋은 애견을 돌볼 때는 산책과 목욕 같은 부가 서비스를 제공하며 노하우를 쌓았다. 틈이 날 때마다 반려동물 관련 책을 읽었다.

방문 돌봄 서비스를 시작하니 매달 30만~40만 원씩 고정 지출하는 이용자가 생겼다. "사업을 확장해도 되겠다는 확신이 생겼습니다." 2018년, 도그메이트 앱을 만들고 반려동물 방문 돌봄 서비스를 정식 론칭했다. "첫 1년 동안은 서울 지역에서 8명의 돌봄 매니저가 활동했어요. 매니저가 지역별로 돌봄을 나가는 형태였죠. 강아지 입장에서도 펫시터가 매번 바뀌는 것보다는 자주 보는 사람과 함께하는 게 좋거든요."

▲ 도그메이트 위탁 및 방문 예시

2019년에 한 달 이용 고객이 50명에서 100명 수준으로 증가하자 서비스를 고도화하기로 했다. 우선 프리랜서 돌봄 매니저를 채용해 인력 풀을 넓혔다. 돌봄 서비스를 신청한 견주와 매니저가 이를 수락하는 '매칭률'을 줄이는 데도 주력했다. "매니저의 돌봄에 특화된 견종, 이력, 활동 지역, 동선, 일정 등 알고리즘을 기반으로 소비자와 연결했습니다. 매칭률 90%까지 기록했죠. 덕분에 2019년 5월부터 지금까지 방문 고객이 월 15~20%씩 급성장했습니다." 코로나19 창궐 초기였던 2020년 1월에는 월 거래량 3천 건, 서울·경기 지역에서 활동하는 매니저는 300명에 달했다. 같은 시기에 고양이 돌봄 서비스도 시작했다.

다른 펫시터 플랫폼과의
차이점

—

다른 펫시터 플랫폼과의 차별점을 만드는 데 많은 공을 들였다. 우선 엄격한 기준을 토대로 매니저를 선발해서 꼼꼼하게 관리한다. "3년 이내에 반려동물을 키운 경험이 있거나 반려동물을 키운 경력 10년 이상인 사람만 지원받습니다. 신청서 접수 후 온라인 인터뷰를 통해서 선별 과정을 거칩니다."

흡연자나 교육 과정을 모두 이수하지 않은 사람은 탈락이다. 활동 초기에는 관리자와 실시간으로 소통하면서 도그메이트의 매뉴얼을 숙지해야 한다.

돌봄 중 반려동물의 안전을 담보하는 장치도 마련했다. "산책 중 반려동물이 다칠 일이 없도록 다른 동물과의 교류를 금지시켰습니다. 돌봄 시간 동안의 모든 활동은 액션 카메라로 기록됩니다." 긴급 상황이 발생할 경우 매니저가 바로 조치할 수 있게 돌봄 신청 시 반려동물이 자주 가던 병원명을 기재하도록 했다.

매니저의 안전도 관리 대상이다. "매니저들은 자기 능력 밖의 견종 돌봄 요청을 거절할 수 있습니다. 일부 위험한 견종은 훈련사 출신의 매니저만 수락할 수 있도록 제한했습니다."

코로나19 위기에
사업 다이어트 단행

—

사업 초반 겪었던 성공의 달콤함은 잠시뿐이었다. 막을 수 없는 역병이 창창한 앞길에 훼방을 놓았기 때문이다. "2020년 1월에 놀우드인베스트먼트어드바이저리, 스트롱벤처스 등으로부터 시리즈A 투자를 받았습니다. 투자금을 사업 확대에 쓸 계획이었죠." 그런데 코로나19로 인한 사회적 거리두기 때문에 집에 다른 사람을 들이는 것을 꺼렸다. 2020년 3월 매출은 1월 대비 40%로 곤두박질쳤다.

재빨리 사업을 다이어트했다. 2020년 6월부로 호텔링 서비스를 종료했다. 대신 '코로나 프리' 방문 돌봄에 초점을 맞췄다. "매니저분들에게 세정제와 소독제를 항상 구비하라고 안내했고, 방문 전에 소독제를 뿌리고 실내에서도 마스크를 벗지 말라는 가이드라인을 제시했어요." 서서히 수요가 회복하면서 2020년 7월, 이용자가 평년 수준인 1,200~1,300명 수준이 되었다. 한 번 이용한 사람이 계속 서비스를 찾는 지표인 재구매율은 80~90%를 기록했다.

반려동물과의 따뜻한 기억 가득,
라이프 플래너 되고파

—

사업을 이어가면서 동물들과 잊을 수 없는 추억을 많이 만들었다.

"집을 비운 지 6일 차에 돌봄 서비스를 신청한 고객이 있었어요. 매니저가 방문했을 때 강아지 두 마리 중 한 마리는 이미 하늘나라로 떠난 상태였어요. 나머지 한 마리를 다급히 구조했습니다." 병원의 중재로 전 주인으로부터 포기각서를 받고 이 대표가 나머지 한 마리를 입양했다. 그 아이가 지금 이 대표네 막내 크림이다. "도그메이트 매니저님이 안락사 선고를 받은 아이가 무지개다리를 건널 때까지 돌봐준 적도 있고, 돌봄 중 아이가 아픈 것을 발견해서 빨리 치료받을 수 있게 도운 기억도 있어요. 참 의미 있는 일입니다."

반려동물과 사람 모두에게 기쁨이 되는 일을 할 생각이다. "투자를 받거나 매출이 잘 나올 때를 떠올려보면 마음이 붕 떠 있었어요. 대단한 사람이라도 된 것 같은 기분이었죠. 하지만 이런 건 부수적인 보상이지, 이 일의 핵심은 아니라고 생각해요." 반려동물, 견주, 매니저, 이 모두에게 필요한 서비스가 되는 것이 무엇보다 중요한 목표다.

최근에는 분리불안, 짖음 등 반려견의 문제행동 개선을 위한 챌린지 프로그램 '도깃'을 시작했다. "자가 훈련을 통해 견주가 직접 아이들의 문제행동을 고칠 수 있도록 돕는 서비스입니다." 견주가 중도에 포기하지 않도록 커리큘럼을 촘촘히 짜서 단계별 진행 상황을 알려주고, 이것이 왜 필요한지 상기한다. "반려동물과 보호자의 관계가 건전하게 유지되도록 돕고 싶어요. 헬스장의 개인 트레이너처럼 도그메이트가 반려생활의 라이프 플래너가 되어주겠습니다."

...

명품 수선 플랫폼 '패피스' 김정민 대표

알뜰폰 요금제 비교 추천 플랫폼 '모두의 요금제' 안동건 대표

맞춤형 헤어 디자이너 탐색 플랫폼 '드리머리' 심건우·이태훈 대표

도소매시장 연결 플랫폼 '남도마켓' 양승우 대표

지식 큐레이션 플랫폼 '피큐레잇' 송석규 대표

CHAPTER 2

기존 시장의 고질적인
문제 해결에 나선 사람들

1,300만 원의 샤넬 클래식 백을 더 오래 드는 법

명품 수선 플랫폼
패피스 김정민 대표

'A업체 5만 원, B업체 30만 원'

10년간 아껴 들었던 명품 가방의 수선을 맡겼더니 업체별 견적이 최대 6배까지 차이가 났다. 비싼 곳이 더 잘한다는 보장은 없었다. 명품 수선 시장은 부르는 게 값이고, 소비자에게 주어지는 정보는 극히 제한된 공급자 우위의 시장이다.

LRHR의 김정민 대표는 우연히 발견한 명품 수선 시장의 모순에 주목했다. 압구정 일대 명품 수선사의 문을 일일이 두드려가며 문제의 근원을 찾았다. 천신만고의 노력 끝에 명품 수선 플랫폼 '패피스'를 론칭했다. 지금까지 패피스에 1만 건의 견적 요청서가 접수되었다. 김 대표를 만나 기존 명품 수선 시장의 어떤 점을 수선했는지 들었다.

명품 수선 장인을
한데 모은 플랫폼 패피스

—

LRHR은 전국의 명품 수선 장인을 한데 모은 플랫폼 '패피스'의 운영사다. 패피스에 수선 희망 품목의 사진과 요청 사항을 기재하면 브랜드와 포트폴리오를 기반으로 적합한 업체를 추천해준다. 평균 1시간 30분이면 최대 5개의 업체로부터 견적을 받을 수 있다. 이용자는 업체의 포트폴리오와 진행 방식, 가격 및 기간을 비교할 수 있다.

진행을 원하는 업체를 선정하고 결제한 후, 수거 희망일을 기재하면 문 앞에서 제품을 수거해간다. 수거 후에도 이용자가 불안하지 않게 틈틈이 작업 현황을 공유해준다. 패피스는 론칭 후 1년 만에 누적 방문자 30만 명을 돌파했다.

시인을 꿈꿨던 국문학도가
경영학과에 재입학한 이유

—

한때 용돈을 모아 명품 브랜드 운동화를 사는 걸 낙으로 삼았던 고등학생이었다. "민족사관고등학교 출신입니다. 한복 교복에 명품 신발을 매치하는 학생이었어요." 소위 말하는 '금수저' 출신은 절대 아니다. 학교가 강원도 횡성 시골에 있다 보니 용돈을 크게 쓸 일이 없어 돈 모으기가 유리했다. "개성 표현의 수단으로 알렉산더 맥퀸, 발

▲ 패피스 김정민 대표

렌티노, 골든구스 등의 신발을 샀죠."

연세대학교 국문학과에 입학했다가 동대학 경영학과로 다시 입학했다. "시인이 꿈이라 국문과를 지망했는데 막상 대학생이 되니 실용적인 학문이 하고 싶었어요. 재수를 해서 같은 학교 경영학과에 진학했습니다." 경영학도가 되고 나니 창업 기회가 가까이서 보였다. "학부 프로그램이 창업 친화적이었어요. 관련 수업도 풍부하고, 성공한 CEO 선배들의 특강을 들을 기회도 많았죠." 자연스레 창업의 꿈을 키웠다. 김 대표 못지않게 명품을 좋아하는 친구 2명과 명품 관련 아이템으로 창업을 해보기로 도원결의했다.

남성용 옷장 공유 플랫폼을
개발하다 발견한 것

—

2020년 7월, 2030 남성을 위한 옷장 공유 플랫폼을 만들기로 했다. "여성을 위한 옷장 공유 서비스는 이미 많은데 남성을 위한 유사 서비스는 없는 데서 착안했어요. 옷장 공유 서비스의 핵심은 공유되는 물자의 감가를 최소화하는 것입니다. 컨디션이 좋은 상태로 물건이 유통돼야 하니까요." 명품의 품질을 유지해줄 수선소와 세탁소를 섭외하기 위해 발품을 팔기 시작했다.

한 바퀴 돌아보니 명품 수선 시장은 가격표 없는 '깜깜이' 시장이었다. "정보 불균형이 심각했어요. 어느 업체가 잘하는지, 못하는지 소비자 입장에서 알 길이 없었죠." 가격 책정 기준도 불분명했다. "똑같은 물건으로 수선 요청을 했는데 5만 원만 부르는 곳이 있는가 하면 30만 원이나 요청하는 곳도 있었어요. 예상 수선 기간, 파손 사고 시 보상 기준을 명확히 제시하는 곳도 없었죠." 이 시장은 혁신이 필요해 보였다.

사진으로 견적,
소비자의 반응을 확인하다

—

2021년 1월, 명품 수선 플랫폼으로 사업 모델을 전환하기로 했다.

가설을 설정해 하나씩 검증해가며 아이디어를 구체화했다. "첫 번째 가설은 '온라인상으로 견적을 내는 게 가능할까'였어요. 여러 곳의 수선사들을 방문해 망가진 명품의 사진을 보여주며 사진만으로 견적을 내줄 수 있나 물어봤죠." 의외로 '대략적으로 가능하다' 답한 이들이 많았다. 온라인 견적 내기가 아주 불가능한 아이디어는 아니라고 판단했다.

두 번째 가설은 '수선사에게도 플랫폼이 필요한가'였다. "수선사들의 의중을 파악하기 위해 압구정 명품 수선 거리를 돌아다니며 50~60곳의 수선사를 방문했습니다. '우리는 이런 거 필요 없다'며 퇴짜 놓는 분들도 있었지만 열렬히 환영하는 분들도 적지 않았어요." 명품 수선 시장은 양극화가 심각했다. 큰 업체는 온라인 마케팅, 매체 홍보 등을 통해 적극적으로 소비자를 유치했지만 실력이 있어도 자본이 없는 수선사는 마냥 소비자를 기다려야 하는 실정이었다. 일부 영세 수선사는 큰 업체에 소비자가 몰릴 경우 외주사로 전락하기도 했다. "외주로 진행되면 가격에 거품이 끼고, 수선 기간도 길어지고, 사고 발생 시 책임 소지가 불분명해져요. 영세 수선사뿐만 아니라 소비자에게도 불리한 상황이었죠."

2021년 3월, 가까스로 10곳의 수선사를 모집해 MVP(Minimum Viable Product, 최소 기능 제품)를 출시했다. "엉성한 홈페이지였는데 3주 동안 900명이나 방문했습니다. 예상보다 많은 사람이 관심을 보여서 깜짝 놀랐습니다. 문의가 들어오면 저희가 메신저로 일일이 문의자와 수선사를 중개해줘야 하는, 껍데기 수준의 홈페이지였거

▲ 패피스

든요. 수선 요청도 60건이나 접수됐어요." 소비자들이 이런 플랫폼
을 얼마나 절실히 필요로 하는지 직접 확인한 것이다. 곧바로 개발
자를 구해서 플랫폼 고도화 작업에 들어갔다.

　업계에 소문이 나면서 입점을 희망하는 수선사도 늘어났다. 플랫
폼의 신뢰를 담보하기 위해 입점 기준을 설정해 수선사를 받았다.
"입점 신청을 할 때 포트폴리오를 제출하도록 합니다. 그리고 인터
뷰를 진행합니다. 소비자의 요구 사항을 얼마나 중요시하는지, 약속
한 기간을 얼마나 확실히 지키는지 물어보죠. 가장 중요한 건 외주
유무입니다. 타사에 외주를 맡기는 업체는 입점시키지 않아요."

'에루샤' 수선 요청이 가장 많아,
명품 중고 플랫폼으로 확장을 꿈꾸다

—

2021년 11월, 정식 서비스를 론칭했다. 현재 기준으로 약 60곳의 수선사가 패피스에서 활동 중이다. "요청이 가장 많이 들어오는 제품군과 브랜드는 에루샤(에르메스·루이비통·샤넬)의 가방입니다. 인지도가 부족했던 사업 초반엔 '대체 뭘 믿고 이런 고가의 제품 수선을 우리에게 맡길까'라는 생각도 했었어요." 비즈니스를 거듭할수록 패피스가 이 시장의 페인킬러(진통제) 역할을 하고 있다는 걸 확신했다. 이후 '수선'이라는 서비스의 본질에 충실하기 위해 운영에 공들이고 있다.

스마일게이트인베스트먼트로부터 투자를 받아 팁스(TIPS)에 선정되고 11억 원 규모의 투자를 유치하는 등 대외적인 성과를 많이 거뒀다. 하지만 가장 큰 보람을 안겨주는 건 결국 사람이다. "서비스 테스트 단계부터 지금까지 계속 패피스를 이용하는 분들이 있어요. '수선할 땐 패피스밖에 안 쓴다'는 것을 말이 아니라 행동으로 보여주셔서 그저 뿌듯합니다."

탄탄대로만 걸었던 건 아니다. 모든 관문에서 '진정성'을 의심받았다. "첫 아이템을 벤처캐피탈(VC)분들에게 소개한 적이 있어요. 열심히 발표했더니 돌아온 소리는 '이거 동아리예요?'였습니다." 그 말에 잠깐 포기할까 생각도 했었다. 팀과 아이템이 그렇게 매력이 없나 회의감이 몰아쳤다. "사업 아이템 전환 후에도 끊임없이 의심을 받왔어요. 대학생이다 보니까 '너희 같은 애들 많이 봤다', '이제 기대도 안 한다'며 거절하는 수선사분들도 많았어요." 묵묵히 이들을 믿어준 이들과 뚝심 덕분에 여기까지 올 수 있었다.

누적한 정가품 및 중고 상품 데이터와 수선 인프라를 바탕으로 명품 중고 거래 플랫폼으로 확장할 구상이다. "새 제품 유통처를 뜻하는 '1차 시장' 개척은 현실적으로 어렵다고 봅니다. 몇백 년간 이어온 명품 브랜드의 헤리티지를 덩치 작은 스타트업이 바꾸는 데는 무리가 있죠. 하지만 수선, 중고품 거래 등을 일컫는 '2차 시장'에서는 운신의 폭이 넓어요. 수선 시장을 선점하면 중고 판매 시 비교 우위를 점할 수 있습니다. 20~30년 명품을 만져본 장인들이 정가품을 감정하고, 중고품을 예쁘게 수선해 가치를 잘 보존한 중고 명품을 내놓을 수 있으니까요. 2차 시장의 힘을 활용해서 글로벌 명품 시장의 질서를 바꾸고 싶습니다."

나는 '호갱'이 아닌 것 같죠? 휴대폰 요금 절반으로 줄이기

알뜰폰 요금제 비교 추천 플랫폼
모두의 요금제 안동건 대표

가구마다 2년 주기로 경차 한 대 값을 쓰는 항목이 있다. 통신비다. 1인당 휴대폰 기기값과 통신비를 10만 원이라고 책정했을 때, 인터넷 비용 5만 원까지 더하면 4인 가족 기준으로 매달 45만 원이 나간다. 약정 기간인 2년 기준으로 한 가구당 1,080만 원을 쓰고 있는 셈이다.

알뜰폰이라는 대안이 있지만 '요금제 찾기'라는 장벽이 여전히 남아 있다. 요금제 종류만 1,700개에 이르기 때문이다. 스타트업 모요의 안동건 대표는 알뜰폰 요금제 비교 플랫폼을 만들었다. 안 대표를 만나 통신 시장의 정보 비대칭 문제를 해결하는 법에 대해서 들었다.

알뜰폰 요금제 한눈에 비교 후
개통까지 할 수 있는 플랫폼

—

모요는 '모두의 요금제' 줄임말로, 알뜰폰 요금제를 한눈에 비교 및 추천해주는 플랫폼이다. 각 통신사 사이트를 방문하지 않고도 개통을 진행할 수 있는 '간편신청'도 지원하고 있다.

요금제뿐만 아니라 유통 채널별로 상이한 자급제폰 가격 비교 서비스도 제공한다. 할인쿠폰, 포인트 등이 적용된 실제 구매가를 쉽게 비교할 수 있다. 고질적인 문제를 쉽고 명료하게 푼 덕분에 서비스 운영 1년 만에 누적 이용자 110만 명을 돌파했다.

▲ 모두의 요금제

좋은 스타트업이 되기 위한
일곱 가지 조건

—

안 대표는 성균관대학교 경영학과 출신이다. 남들이 취업 준비에 열 올리던 24살, 새삼 '나를 발견하는 시간'을 가져보기로 했다. "동기들이 대기업에 지원서를 내밀 때 마음이 동하지 않았어요. '좋은 회사를 가면 행복할까'란 의문이 출발점이었죠." 졸업을 유예하고 6개월간 자기 분석의 시간을 보냈다. 어린이집 시절부터 대학 졸업을 앞둔 당시까지 생활기록부, 편지, 롤링페이퍼 등 자신과 관련된 기록을 모조리 섭렵해 스스로 어떤 사람인지 파헤쳤다. "모든 자료에서 하나의 공통점이 발견됐어요. 팀 활동을 좋아한다는 것이었죠. 힘들고 고생하더라도 공동의 비전을 바라보고 성취하는 과정이 너무 좋았던 겁니다."

사람들과 함께 성장할 수 있는 일을 찾았다. 정치와 창업, 두 가지로 선택지가 좁혀졌다. "치열한 프레임 싸움을 치러야 하는 정치보다는 창업에 끌렸습니다." 진로를 정한 후 경험부터 쌓았다. 2014년, 웨딩 플랫폼 '웨딩북'에 합류해 영업·기획·고객 대응까지 업무 전반을 두루 경험했다. 다행히 스타트업 생태계가 잘 맞았다. 2015년, 명함 앱 '리멤버'로 옮겨서 5년간 프로덕트 매니저로 일했다. 2020년, 고속 성장한 조직이 일하는 방식을 배우고 싶어서 토스의 프로덕트 오너로 이직했다. "프로덕트 오너란 프로젝트를 관리하고, 유관 부서의 협업을 조율하는 직무인데요. 너무 재미있었어요. 명성처럼 토스는 일을 주도적이면서 빠르게 하는 조직이었죠."

경험을 통해 좋은 조직이 갖춰야 할 나름의 기준을 세울 수 있었다. "총 일곱 가지의 전제가 있었어요. 첫 번째 동료에게 많은 기회와 권한을 줄 것, 두 번째 실수와 비판을 자유롭게 공유할 수 있는 심리적 안전감을 형성할 것, 세 번째 개인의 성장을 지원할 것, 네 번째 구성원 간 건강하게 자극을 주고받는 분위기를 형성할 것, 다섯 번째 적어도 사회적 해악이 될 서비스는 만들지 말 것, 여섯 번째 조직의 성장과 개인의 성장을 연결할 것, 그리고 가장 중요한 일곱 번째는 회사가 성장할 것입니다. 회사가 크지 못하면 앞의 여섯 가지를 충족해도, 좋은 동아리에 불과하거든요." 이 일곱 가지를 갖춘 조직이라면 어느 산업군이든 잘될 것이라는 확신이 있었다.

알뜰폰 비교 플랫폼을
개발하기로 결심한 이유

—

이젠 '내 일'을 할 차례였다. 메모장에 틈틈이 기록한 100여 개의 사업 아이템을 두루 살폈다. '풀고 싶은 문제 톱 3'에 있는 통신 문제가 눈에 들어왔다. "평소 통신 시장이 이상하다는 생각을 자주 했어요. 손해 보는 계약을 맺고 있다는 사실을 뒤늦게 깨달은 적도 있죠. 가족이나 지인 중 피해 본 사람도 많았고요. 소위 '성지'라고 불리는 판매처에선 불법 보조금을 지급하는 일이 비일비재했죠." 정보 비대칭

▲ 모두의 요금제 안동건 대표(왼쪽)와 제품 개발 회의(오른쪽)

이 심각했다. 그렇다고 통신 비용이 저렴한 것도 아니다. 잘 안 터지는 5G를 비싼 요금을 내가며 의무로 써야 한다는 사실은 소비자들이 자주 제기하는 불만이다.

알뜰폰이라는 대안이 있었지만 이용에 불편함이 많았다. "일단 알뜰폰에 대한 인식이 안 좋았어요. '어르신들이 쓰는 피처폰 아니냐', '품질이 좋지 않을 것 같다'는 오해가 팽배했죠." 사실 알뜰폰을 사용한다고 해도 데이터 이용이나 통화 품질에 큰 차이는 없다. "다만 요금제 하나 고르는 것도 만만치 않았어요. 수십 개의 알뜰폰 업체에서 1천 개가 넘는 요금제를 출시했는데, 그 내용이 주 단위로 바뀌어요. 어떤 요금제가 본인에게 잘 맞는지 파악하기 어려운 구조입니다." '알뜰폰 요금제를 비교하고 선택하는 과정을 쉽게 만들면 통신 시장의 여러 문제가 해결되지 않을까?' 이런 생각이 모두의 요금제의 출발점이 되었다.

통신 시장의 변화가 자신감을 안겨줬다. "이전까지는 자급제폰 이용자 비율이 10% 이하였는데 2021년에 자급제폰 비중이 20%를 돌파했어요. 현재 30%를 넘었다는 말도 있어요." 실제 통신 3사에서 전환한 알뜰폰 요금제 가입자 수는 2021년 1월 350만 명에서 2022년 6월 510만 명으로, 1년 반 만에 160만 명 증가했다. "시장의 패러다임이 바뀌는 걸 보고 이 일에 뛰어들어도 되겠다는 확신이 섰어요."

이용자 인터뷰 때 받은
피드백을 토대로 서비스 고도화

—

2021년 6월 플랫폼 개발에 착수해 다음 달 베타 버전을 출시했다. "휴대폰 사용 패턴에 맞춘 요금제를 찾기가 어렵다는 것을 가설로 세우고 접근했어요. 데이터, 통화, 문자 사용량 등의 정보를 기반으로 요금제를 추천해주기로 했죠." 처음에는 알뜰폰 업체 사이트를 모조리 뒤져서 각 업체가 보유한 요금제를 일일이 정리했다. 그 후 홈페이지에서 이용자에게 최소한의 정보를 받고, 적합한 요금제 세 가지를 24시간 안에 카카오톡으로 보내줬다. "추천한 요금제 링크를 클릭하는 비율이 50%를 넘었습니다. 유의미한 반응이었죠."

매주 이용자 인터뷰를 실시해 서비스를 다듬어 나갔다. 인터뷰는 사용자 인터뷰와 사용자 테스트 두 가지를 진행한다. "사용자 인터뷰는 통신 시장 소비자들의 불편함을 수렴하는 자리예요. 최근에 자급제폰을 구매한 사람을 만나 이들의 고충을 수리하는 식이죠. 사용성 테스트는 이용자들이 서비스를 기획한 방향대로 사용하고 있는지 검증하기 위해 실시합니다. 우리가 기대했던 흐름대로 서비스를 이용하는지, 어떤 부분에서 헤매는지를 포착해서 서비스를 개선하는 거죠."

그렇게 '자급제 찾기' 기능을 추가했다. "같은 제품이라도 유통 채널별로 자급제폰 가격이 다릅니다. 자급제폰의 가격을 한눈에 보고 비교할 수 있도록 했죠." 사용하는 카드나 포인트 사용 여부에 따라 같은 유통 채널 내에서도 지불 금액이 달라진다는 점을 고려해 최종 혜택가 정보도 제공한다. 인기 기종 아이폰의 잦은 품절에 힌트를 얻어 자급제폰 재고 알림 기능도 추가했다. "요금제에만 초점을 맞춘 게 아니라 통신 생활 전반의 문제를 해결하는 방향으로 서비스를 기획했어요."

누적 이용자 110만 명, 종합 통신 플랫폼 목표

—

2021년 8월 출시된 '모두의 요금제'는 약 30여곳의 파트너사의 요금제 1,700개를 한데 모은 플랫폼이다. 요금 변동 사항도 실시간으로 업데이트된다. "플랫폼 이용의 첫 단계는 알뜰폰에 대한 오해를 푸는 것입니다." 현재는 일일 데이터 사용량, 통화량, 휴대폰 요금 정보를 가입해서 알뜰폰 전환 시 2년 동안 얼마나 아낄 수 있는지 알려준다. 약정 기간이 남았어도 알뜰폰으로 넘어올 수 있다는 점도 안내한다.

오해를 풀었다면 다음 단계는 맞는 요금제를 찾을 차례다. "이용자에게 선택권이 주어져요. 직접 요금제를 선택하거나, 맞는 것을 제안받거나." 직접 찾기를 택하면 10종류가 넘는 필터로 1,400개 이상의 요금제를 입맛대로 선택할 수 있다. 맞춤 추천을 택하면 이용자가 입력한 데이터를 바탕으로 가장 적합도가 높은 것을 매칭해준다. 원하는 요금제를 찾은 후에는 개통 신청을 해야 한다. '간편신청'이라는 라벨이 붙어 있는 요금제는 모요 플랫폼 내에서 신청할 수 있다. "이 기능을 구현하느라 애먹었는데요. 기능 추가 후 10%였던 전환율이 40~50%로 올랐어요."

지금까지 누적 이용자 110만 명을 달성했다. 카카오벤처스와 베이스인베스트먼트로부터 시드 투자도 유치했다. "이용자의 문제에 집중해 이를 쉽게 풀려고 노력한 부분을 높게 평가받은 것 같아요. 빠른 실행력도 한몫했고요." 외부의 인정 못지않게 중요한 게 소비자의 인정이다. "요즘을 스타트업 혹한기라고 하지만, 저희는 괜찮습니다. 매출을 내고 있어서 투자비를 거의 쓰지 않았어요. 건강하게 성장하고 있다는 증거죠."

통신 생활에서 단 한 명의 '호갱'도 나오지 않도록 하는 게 목표다. 통신 생활 전반을 아우르는 서비스가 되고 싶다. "지금도 선택한 요금제와 결합할인을 해주는 인터넷 상품을 추천하는 기능이 있는

데요. 더 나아가 중고폰, 휴대폰 보험, 인터넷, 가족결합 등의 요소를 종합해서 고려한 다음, 통합 통신 플랜을 짜주는 플랫폼으로 거듭나고 싶습니다. 여행사에서 여행 패키지를 짜주는 것처럼요."

일곱 가지 성공 전제를 품고 시작한 창업. 해보니 중요한 게 하나 더 있었다. "각 회사의 공식 홈페이지에 가면 그들이 일하는 방식을 설명하는 대목을 볼 수 있어요. 하지만 대부분 지켜지지 않고 있죠. 저는 비전이 수사로만 존재하는 게 싫었어요. 모요에서는 특정 주기를 기점으로 핵심가치를 다듬고 이게 잘 이행되고 있는지 서로 검토하는 시간을 가져요. 얼마 전 신규 입사자분이 '처음 이 회사가 일하는 방식에 대해 듣고 으레 하는 일인 줄 알았는데 정말 그렇게 일해서 신기하다'는 피드백을 줬어요. 뿌듯했죠. 이 모든 과정을 함께한 동료들에게 참 고맙습니다. 함께 성취하는 것이 좋아서 스타트업을 택한 건데 틀린 선택이 아니었네요."

'인생 머리' 위한 헤어 디자이너, 최저가로 찾는 법

**맞춤형 헤어 디자이너 탐색 플랫폼
드리머리 심건우·이태훈 대표**

소비 주축으로 떠오른 MZ세대는 취향이 확고하다. 남이 한다고 따라 하지 않고, 스스로 납득해야 돈을 쓴다. 기업들이 MZ세대 공략에 성공하려면 개인화, 나아가 초개인화에 대응할 수 있어야 한다. 온라인 패션몰 무신사와 지그재그는 데이터에 근거해 개인별로 다른 옷을 추천해주는 '큐레이션 서비스'로 성장했다.

스타트업 '드리머리'는 개인 맞춤형 헤어 디자이너 탐색 플랫폼을 운영한다. 위치와 희망하는 스타일을 기반으로 헤어 디자이너를 찾아주는 것은 물론, 모델 특가 정보도 공유해준다. 개성과 실익, 일석이조를 노리는 또래 세대를 위해 창업에 뛰어든 드리머리의 심건우, 이태훈 공동대표를 만났다.

실력 있는 헤어 디자이너를
가장 빨리 만날 수 있는 플랫폼

—

드리머리는 동명의 개인 맞춤형 헤어 디자이너 탐색 플랫폼을 개발했다. 가게 단위로 예약 서비스를 제공하는 다른 서비스와 달리 '헤어 디자이너'와 소비자를 연결한다. '꿈의 머리를 찾아준다'는 이름처럼 포트폴리오, 리뷰, 가격대, 위치를 기반으로 디자이너를 추천해준다. 모발 두께, 두피 특징, 탈색 여부 등의 정보를 바탕으로 시술 전 디자이너와 채팅 상담도 가능하다. 결과물 촬영에 동의하는 조건으로 할인가에 시술받을 수 있는 '모델 시술'도 인기다.

드리머리는 중개 플랫폼에서 나아가 '뷰티 콘텐츠'까지 아우르고 있다. '실시간 급상승 디자이너', '최근 유행하는 헤어 손질법' 같은 트렌드 정보는 물론 사람마다 다른 얼굴형과 분위기, 피부톤 등을 인공지능으로 분석한 '스타일 컨설팅' 같은 개인화 정보까지 제공한다.

고대 코딩 동아리에서 만난
환상의 콤비

—

두 대표는 1994년생 동갑내기다. 2017년 3월 코딩 학회 '멋쟁이 사자처럼'에서 처음 만났다. 이태훈 대표는 고려대학교에서 중어중문학과 컴퓨터학을 공부했고, 심건우 대표는 경영학과 통계학을 복수

▲ 드리머리 심건우·이태훈 대표

전공했다. "공통점이 많아서 빨리 친해졌어요. 우선 성장 배경과 키가 비슷합니다. 둘 다 취업 대신 창업에 관심 있었고요."

'환상의 콤비'였다. "창업경진대회에 자주 참여했는데 나갈 때마다 성적이 좋았어요. 모교에서 열린 해커톤에서 1위를 차지했던 날에는 자신감이 솟구치더라고요. '이렇게 좋은 팀이니 창업도 잘하지 않을까' 생각했죠." 한 학기를 함께 보낸 후 창업 준비팀을 결성하고, 고려대 린 스타트업 챌린지(KU-LICS)에 도전장을 내밀었다. 한 달 동안 창업 교육을 듣고 마지막에는 팀 간 우열을 가리는 프로그램이었다.

아이템 선정이 시급했다. 이태훈 대표의 과거 경험이 뇌리를 스쳤다. "제가 활동했던 축구 동아리 선배가 초보 헤어 디자이너 친구를 데려온 적이 있어요. 연습 대상이 필요하다면서 무료로 머리를 잘라 주겠다고 하더라고요. 바로 응했죠. 그때 만족스러워서 그분이 있는 미용실에서 계속 커트 시술을 받았어요. 지인들을 연습 대상으로 소개해준 적도 있어요." '청담동 미용실에서 무료로 머리 자를래?'라고 물으면 열에 아홉은 수락했다.

이러한 경험을 토대로 드리머리의 모태 격인 '예비 헤어 디자이너 무료 시술 플랫폼'을 구상했다. 이용자는 무료로 머리 스타일을 시술받고, 예비 디자이너는 연습을 하는 것이다. 이 아이디어로 챌린지에서 최종 우승을 거머쥐었다. 상금 1천만 원을 받아 플랫폼 제작에 들어갔다.

'모델 시술'
80% 할인 상품 개발

—

2018년 11월, 베타 버전을 내놨다. "4개월 정도 운영해보니 수요가 확실히 있다는 것을 알게 됐습니다. 2019년 초 윤민창의투자재단에서 시드 투자를 유치해 서비스 고도화에 들어갔습니다."

헤어 디자이너들의 고충을 듣기 위해 발로 뛰어다녔다. "너희 미용실 바닥이라도 쓸어보고 이 일 하냐'는 말을 들은 적이 있어요." 아차 싶어서 9개월 동안 미용실에서 일했다. 머리카락이 수북하게 쌓인 미용실 바닥에 있어 보니 보이지 않던 것이 보였다. "예비 디자이너뿐 아니라 일반 디자이너도 헤어 모델을 필요로 하더군요."

2019년 8월, 드리머리 정식 서비스를 시작했다. 이용자가 포트폴리오, 후기 등 조건을 필터에 넣으면 거기에 맞는 '예비' 디자이너를 추천받고 예약할 수 있는 사이트다.

얼마 지나지 않아 예상치 못한 이용자 반응이 나타났다. "예비 디자이너가 아닌 경력 디자이너들이 드리머리에서 모객 활동을 하더라고요. 30만 원짜리 헤어 서비스를 10만 원에 제공하면서요." 그러자 무료로 시술을 제공하는 예비 디자이너 대신 경력 디자이너들에게만 소비자가 몰렸다. 할 수 없이 경력 디자이너들에게 나가 달라고 했다가, 문득 소비자들이 왜 그런 반응을 보였는지 궁금해졌다. "드리머리의 주 고객층인 여성분들은 돈을 지불하더라도 경력이 확실한 사람을 선호하는 소비층이었습니다. 예상치 못한 지점에서 큰 인사이트를 얻었죠."

재빨리 대응해 경력 디자이너도 추천 대상에 포함시켰다. 일반 예약 외에 '모델 시술' 서비스도 추가했다. 이용자가 사진촬영·공개에 동의하면 그 대가로 50~80% 할인받는 기능이다. 디자이너가 파마약 등 '약값' 정도만 받는다고 보면 된다. "기존에는 디자이너들이 블로그나 인스타그램에서 모델을 찾거나 모델 에이전시에 돈을 내고 연습 대상을 찾았는데요. 그 수요를 일반인 대상 플랫폼으로 가져온 겁니다. 20대 초반 여성 이용자들 사이에서 반응이 뜨거워요."

뷰티 서비스 문화를
바꾸는 기업이 목표

—

2019년 서비스 시작 후 누적 예약 건수가 3만 건을 돌파했다. "베타 버전 시절 100여 명에 불과했던 디자이너 수가 현재 1,700명까지 늘었습니다. 지인 소개가 꼬리에 꼬리를 문 덕분입니다. '드리머리와 함께 성장하면 기분이 좋다'는 디자이너 후기를 보면 참 뿌듯해요." 2021년 3월에는 앱을 출시했다. 드리머리 앱의 평균 체류시간은 11분이다. 다른 커머스 플랫폼보다 2.5배 높은 수치로, 그만큼 앱을 재미있게 이용한다는 뜻이다.

두 대표는 창업 과정을 '거절당하는 경험의 누적'이라고 설명했다. "창업하기 전에는 크게 거절당한 적 없이 순탄한 인생을 살았어요. 하지만 스타트업에 뛰어든 후에는 매 순간이 거절의 연속이었죠. 사업 초반에는 하루에도 몇십 번 문전박대를 당했어요. 아예 저희를 보지도 않고 무시하는 분들이 수도 없었고요. 투자자들로부터는 사업의 성공 가능성을 따져 묻는 듯한 질문을 받기 일쑤였어요. 고난의 행군을 거치는 기분이었죠." 다행히 어려움만 있는 건 아니었다. 모델 시술 서비스나 경력 디자이너의 유입처럼, 예상치 못한 곳에서 해답이 나오기도 했다. "계속 버티니 거절당하는 일은 줄고 관심 가져주는 일은 많아져서 즐겁게 일하고 있습니다."

뷰티 서비스의 소비 방식을 바꾸는 게 목표다. "타사의 뷰티 예약 플랫폼은 매장 중심인 경우가 많습니다. 저희는 매장 대신 사람과 사람을 연결하는 데 방점을 둡니다. 개인이 브랜드가 된 세상이니까요. 훗날 뷰티 서비스에 대한 인식을 '할 때 돼서 받는 것'이 아니라 '재미있어서' 혹은 '더 멋지게 변하고 싶어서' 받는 것으로 바꾸고 싶어요. 사람들의 일상생활을 혁신하는 회사가 되겠습니다."

연봉 3억 원 대기업 지점장이 사표 내고 시장에서 창업한 사연

도소매시장 연결 플랫폼
남도마켓 양승우 대표

직장인들은 보통 오전 9시에 업무를 시작해 오후 6시에 일과를 마감한다. 하지만 모두가 잠을 청하는 심야 시간대에 비로소 활기를 띠는 일터가 있다. 바로 도매시장이다. 남대문이나 동대문처럼 전국적으로 유명한 도매시장 일대는 새벽에 버스로 점령당한다. 자신의 매장에서 팔 물건을 사입하러 오는 소매상이 전국에서 몰리는 탓이다.

밤에 잠을 편하게 청하고 물건을 떼 올 방법이 있다. 도소매시장 플랫폼 남도마켓을 이용하면 된다. 모바일 앱이나 웹 사이트를 통해 남대문의 도매상품을 둘러보고 결제까지 할 수 있다. 남도마켓을 개발한 양승우 대표를 만나 도매시장의 시계를 바꾼 과정에 대해서 들었다.

도매상과 소매상을
연결하는 플랫폼

—

남도마켓은 남대문 도매상인과 소매상인의 거래를 연결하는 기업
간거래(B2B) 서비스다. 액세서리, 아동복, 애견용품, 주방용품, 패션,
꽃, 공예품 등 남대문에서 거래되는 대부분 카테고리를 아우른다.

소매상인은 비대면으로 신상품을 실시간 확인하고 사입할 수 있
어 시간과 비용을 아낄 수 있다. 남대문 내 모든 매장의 모든 제품을
한 번에 묶어서 배송해준다. 남대문시장 상인회의 공식 파트너사다.

오픈마켓 1세대로 출발해
금융사 지점장까지

—

양 대표는 전자 상거래 분야에서 사회생활을 시작했다. "연세대에서
경영학을 전공한 후 G마켓의 카테고리 매니저로 입사했습니다. 요
즘으로 따지면 상품기획자와 유사한 직무인데요. 명품 브랜드 구매
대행 카테고리를 총괄했어요. 담당 카테고리의 매출이 잘 나와 '미
다스의 손'이라는 별명도 붙었죠."

잘나가던 중 근로 의욕을 확 떨어뜨리는 일이 발생했다. "제 카테
고리에서 물건을 판매하던 셀러분을 뵌 적이 있어요. 아버지뻘의 수
더분한 어르신이셨는데요. 단 몇 달간 의류를 팔아 순이익 10억 원

▲ 남도마켓 양승우 대표

을 벌어들였대요." 당시 적지 않은 월급을 받으며 직장 생활을 했지
만 10억 원이라는 액수에 큰 충격을 받았다. '전자 상거래와 온라인
쇼핑이라면 나도 빠삭한데…' 창업을 결심한 계기다.

퇴사 후 방송인 백보람, 걸그룹 LPG의 쇼핑몰을 1년씩 운영했다.
기대했던 만큼의 실적이 나오지 않았다. 생계유지를 위해 직장인의
삶으로 돌아가야 했다. "2011년 메트라이프생명에 입사했습니다.
기업재무관리, 개인자산관리, 세무컨설팅, 보험설계 등 다방면에서
전문지식을 쌓으며 지점장 자리까지 올랐죠."

지점장 직함을 달자 연봉이 3억 원까지 올랐다. "모교인 연세대
로부터 연락을 받아 2년간 '성공한 선배와의 대화'를 주제로 특강도
했어요. 메트라이프에서 근무하는 동안 지인들과 『21세기 인터넷

마케팅』, 『한국의 전통시장론』, 『슈퍼마켓 경영론』, 『한국의 사라진 대기업』 등의 책도 공동 집필했고요." 그렇게 인지도를 쌓아가면서도 간간이 온라인 쇼핑몰 사업자들을 컨설팅했다. "샐러리맨으로서 커리어의 정점을 찍었지만 늘 창업이 그리웠어요."

하루에 상인 100명을 만나며
신뢰를 확보하다

—

온라인 쇼핑몰 컨설팅을 하다가 유의미한 시장의 변화를 감지했다. "15년 전만 해도 온라인 쇼핑몰의 주류는 여성복이었어요. 하지만 점점 남성복, 액세서리, 반려동물용품, 아동복, 인테리어소품 등으로 시장이 분화되더라고요." 여성복의 경우 주로 동대문에서 사입이 이루어진다. 도매상과 소매상을 연결하는 플랫폼도 잘 구축된 상태다. "반면 새로 부상하는 카테고리의 제품들은 대부분 남대문시장에 밀집해 있는데 대표적인 도매 플랫폼이 없는 상태였어요."

호기심을 느껴 남대문시장에서 20년 가까이 액세서리 도매 일을 한 동생에게 현 상황을 물어봤다. "알고 보니 도매 플랫폼을 준비하는 업체들로부터 여러 번 입점 제안을 받았대요. 하지만 남대문시장 상인분들의 경계심을 완전히 푼 업체가 없었대요." 이미 운영 중인 플랫폼도 몇 군데 있었지만 높은 수수료나 사용료를 부과해서 상인들의 신뢰를 잃은 상태였다. "시장 상인들과 사이가 좋은 동생이라는 인적 자원도 있겠다, 제가 뛰어들지 않을 이유가 없었어요."

2018년부터 남대문 도매상과 소매상을 연결하는 플랫폼 준비에 착수했다. 동생은 '상도(商道)를 지켜야 한다'라는 이유로 도매 일을 관두고 손을 보탰다. "시장 상인들과 유대관계를 쌓기 위해 말 그대로 시장에서 살았어요. 하루에 100명 이상의 상인을 만난 적도 있죠. 이런 서비스는 필요 없다며 문전박대 하시는 분은 다섯 번 이상 찾아뵀어요."

상인들과 가까이 지내며 그들의 수요를 파악했다. 그들이 진짜 필요로 하는 것은 자동화된 플랫폼이 아니라 함께 성장하고 싶다는 '진심'이었다. "시장 상인분들 대부분이 엄지손가락으로 스마트폰을 조작하는 '엄지족'입니다. 그만큼 연령대가 높아요. 플랫폼, 디지털화의 당위엔 동의하면서도 섣불리 도전하는 게 꺼려지는 분들이죠." 도매 상인은 아무것도 하지 않아도 되도록 상품 사진 촬영, 등록 등을 대신해주기로 했다. 경쟁사들이 자사의 수익구조 개선에 혈안일 때 상인들과 함께 호흡한 덕에 신뢰라는 자산을 확보할 수 있었다.

"사입 삼촌이 하는 일
대신해드려요."

—

2020년 8월 남도마켓 법인을 설립하고, 같은 해 10월 도매상 입점을 시작했다. 2021년 1월부터 소매상을 대상으로 서비스 영역을 확

대했다. 액세서리, 아동복, 애견용품, 주방용품, 꽃, 성인의류잡화, 인
테리어소품, 한복, 이불 등 남대문을 대표하는 상품 카테고리를 모
두 아우르는 플랫폼이다. 거래처 찾기, 상품 기획, 판매, 카탈로그 전
송, 세금계산서 발행 등 여느 도소매 연결 플랫폼에서 제공하는 기
능을 모두 갖췄다.

남도마켓에 입점한 도매상은 서비스를 무료로 이용할 수 있다.
"IT 기기를 다루는 데 익숙하지 못한 분들을 위해서 상품 사진 촬영,
상품 등록 등을 저희가 대신해드리는 경우가 많습니다." 플랫폼 운
영과는 별개로 남도마켓 유튜브, 인스타그램, 블로그, 페이스북 등의
채널에 콘텐츠를 꾸준히 올려 입점 도매상을 알리고 있다. 국내뿐만
아니라 아시아 주요 국가와 미국·캐나다·프랑스 등 해외 국가까지
홍보 대상이다. "남대문 도매상인분들을 위한 것이라면 뭐든 다 한
다고 봐야죠."

셀러(소매상)의 경우 '선판매 후사입'도 가능하다. "ND pick이라는 상품 이미지 무료 사용 서비스를 제공합니다. 무료 제공된 사진으로 상세페이지를 만든 후 판매가 이뤄졌을 때 주문을 하면 되는 구조죠. 여기서 별도의 포장료를 지불하면 소비자에게 바로 배송도 해줘요." 사업을 위해 새벽에 시장을 방문할 필요가 없는 것은 물론이고 물류 저장 공간 확보, 재고 처리 등의 압박 없이 판매를 할 수 있는 것이다. 제로 리스크에 가까워서 온라인 셀러들의 환영을 한 몸에 받았다.

전 세계 소매상의
아마존이 되고 싶어

—

지금까지 3,500곳의 도매상이 입점했다. 가입 소매상은 5만 곳, 남도마켓을 통해 판매용 제품을 찾는 소매상은 4만 3천여 곳이 넘는다. 경쟁사와의 경쟁을 뚫고 남대문시장 상인회의 공식 파트너로 선정되었다.

각종 기관으로부터 서비스의 필요성도 인정받았다. 신용보증기금 주관 네스트업 9기, 중소벤처기업부와 구글 플레이가 주관한 구글 창구 프로그램에 선정된 데 이어 민간투자주도형 기술창업지원 프로그램 팁스(TIPS)에 선정되었다. 또한 2022년 9월 '4차 산업혁명 Power Korea 대전'에서 중소벤처기업부 장관상을 받았다.

도매상인을 다양한 셀러와 연결하는 과정에서 큰 자부심을 느낀다. "사업 초창기 때의 일입니다. 시장을 돌아다니다 76세 완구점 사장님이 휴대폰으로 사진을 찍느라 고군분투하는 모습을 봤어요. 장난감을 아스팔트에 두고 촬영하더라고요." 사장님에게 남도마켓을 소개한 뒤 제품을 가지고 가서 예쁘게 사진을 찍고, 상품 등록까지 해줬다. 빠른 시간에 상품이 팔린 것을 확인한 노사장은 뛸 듯이 기뻐했다. "이루 말할 수 없는 보람을 느꼈습니다. 남대문시장은 대한민국의 제조업과 패션업을 견인한 생산자들이 한데 모인 역사적인 공간입니다. 이곳의 상인들은 우리 경제의 한 축을 이끈 존재임에도 불구하고 온라인 세상에 적응하지 못해 다양한 기회를 눈앞에서 놓쳤는데요. 상인들이 놓칠 뻔한 기회를 저희가 잡아주겠습니다."

국내를 넘어 글로벌 진출까지 할 구상이다. "남대문 액세서리는 전 세계적으로 유명합니다. 외국 소매상이 먼저 저희 서비스를 찾아서 가입하는 걸 보고 외국어 서비스도 출시했습니다. 진출한 국가만 30개국이 넘습니다. 여기서 더 나아가 해외 거래처를 단기간에 3천 곳, 장기적으로는 3만 곳으로 늘릴 계획입니다. 전 세계 소매상의 아마존 같은 회사가 되겠습니다."

미국에서 창업 실패 후 쫓기듯 한국을 오며 결심한 것

지식 큐레이션 플랫폼
피큐레잇 송석규 대표

정보의 바다 시대로 접어든 지 오래다. 그만큼 놓친 정보도 많다. '나중에 봐야지' 저장했다가 잃어버린 웹 페이지 주소로 섬을 만들 수 있을 정도다.

피큐레잇의 송석규 대표는 애써 찾은 정보가 허무하게 사라지는 데 문제점을 느껴, 발굴한 정보를 저장하고 체계적으로 관리할 수 있는 플랫폼을 만들었다. 우여곡절 끝에 베타 버전을 출시해 다수의 투자자와 기관으로부터 관심을 받고 있다. 연쇄 창업가인 송 대표의 네 번째 도전기에 대해서 들었다.

저장해 놓고 잊은 링크들,
보기 좋게 정리해드립니다

—

피큐레잇은 지식 큐레이션 플랫폼이다. 일반적인 메모, 북마크 서비스와 다르게 체계적인 저장 구조로 되어 있다. 특정 주제를 설정한 후 관심 정보를 포함한 웹 페이지의 링크를 추가하면 링크 꾸러미가 생성된다.

링크 꾸러미는 이용자의 지식 큐레이션 콘텐츠가 된다. 사회관계망서비스(SNS)처럼 이용자들끼리 링크 꾸러미를 공유할 수 있고 특정 이용자의 계정을 구독할 수도 있다.

남들이 뜯어말릴 때 창업해
구글과 파트너십 체결

—

1차 벤처붐 이후 '벤처 창업은 돈을 쉽게 벌려는 이들이나 하는 것'이라는 인식이 만연했다. 그런 시절에 굳이 스타트업 생태계에 뛰어들었다. "경희대에서 언론정보학을 전공하고 경영학을 복수 전공했습니다. 대학생이었던 2004년, 수업을 듣고 있는데 한 선배가 교수님에게 10분만 할애해달라고 부탁을 하더니 학생들 앞에서 자신이 추진 중인 사업 아이템을 발표했어요. 아이템에 대한 의견을 구하면서 함께할 멤버를 모집하고 있다고 하더라고요. 흥미를 느낀 저는

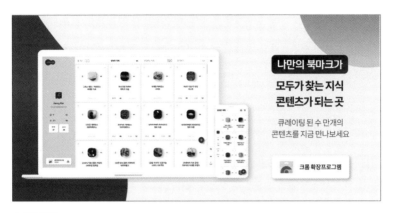

▲ 피큐레잇

번쩍 손을 들어 함께하고 싶다는 의사를 밝혔습니다. 그렇게 그 회사의 이사로 참여하게 됐어요. 저의 첫 스타트업 경험이죠." 한국 최초로 툴바(자주 사용하는 기능을 막대 모양의 아이콘에 나란히 모아둔 메뉴) 비즈니스를 했다. 사업은 꽤 잘되었지만 수익 모델을 발굴하지 못해 2007년 관뒀다.

이후 IT 분야에서 굵직한 경력을 쌓았다. "첫 창업 후 검색엔진 분야에서 1위였던 IT 기업으로부터 입사 제안을 받았습니다. 26살에 대리로 취업했죠. 입사 1년도 되기 전에 청년 스타트업 모임에서 만난 지인이 자신의 회사에 들어올 생각이 없냐고 묻더라고요. 오랜 고민 끝에 그 회사의 마케팅 이사로 합류했습니다." 도메인을 팔거나 뉴스 입력 소프트웨어를 제공하는 인터넷 비즈니스 기업이었다. 구글과 파트너십을 맺을 정도로 탄탄하게 성장했다.

하지만 회사 인수합병 등의 변수로 홀로서기를 해야 했다.

2010년 3월, 디지털 광고대행사를 창업했다. "인터넷 검색 광고 영역에서 전문성을 쌓은 덕에 야후의 자회사 오버추어와 파트너십을 체결할 수 있었어요. 창업 2년 차에 40억 원 수준의 매출을 달성할 정도였죠."

회사는 잘되었는데 공허했다. 비즈니스가 그의 가치관과 충돌했기 때문이다. "검색 광고는 광고 노출로 수익을 창출하는데, 광고가 많이 노출될수록 사람들이 피로도가 높아질 수밖에 없어요. 세상을 이롭게 하는 서비스를 만들고 싶었는데 말이죠." 때마침 오버추어의 모기업인 야후가 한국 시장에서 철수했다. 주요 매출처가 사라진 것이다. 2013년 투자자들과 자산을 나눠 가지고 흑자 폐업했다.

조산한 쌍둥이 자녀를 데리고
유학 중에 발견한 것

—

2015년, 창업 분야에서는 세계 최고로 꼽히는 미국 보스턴 뱁슨(Babson) 칼리지의 MBA에 진학했다. 전 세계 아이디어의 정점에 있는 집단에 가야 영감을 얻을 수 있을 것 같았다. 기업가 정신 분야의 톱 MBA를 선택했다. "이번엔 제 가치관에 부합하는 아이템으로 창업하고 싶었어요. 국내 대기업에 지거나 흡수되지 않기 위해 해외를 무대로 삼기로 했죠. 아내와 580g으로 조산한 쌍둥이 자녀, 그리고 현지 창업이라는 야무진 꿈까지 데리고 떠났습니다."

해외 생활은 매 순간이 고난이었다. 특히 정보를 찾는 데 너무 많은 에너지를 쏟아야 했다. "필요로 하는 정보가 대체로 복잡했어요. '미숙아 건강 관리', '창업 비자 얻는 법', '현지에서 외국인 고용하는 법' 같은 내용이었죠." 같은 학년에서 하나뿐인 한국인이라 수업 내용과 MBA 과정에 대한 정보 습득 과정도 만만치 않았다. 하나하나 고통스럽게 발굴할 수밖에 없었다. "힘들게 찾은 걸 다음 학기에 입학한 한국인 후배에게 공유하려 했더니 모두 휘발됐더군요. 처음부터 다시 찾아야 했습니다. 답답하고 화가 났습니다."

다른 사람들의 정보 습득 과정을 관찰했다. 사람들은 마음에 드는 웹 페이지를 찾았으면 메모장, 메신저 대화창, 즐겨찾기 기능 등으로 저장한다. 그러다 나중에 어디 저장했는지 잊고는 희미한 기억에 의존해 다시 검색한다. 원하는 정보에 도달하려면 숱한 노이즈(Noise, 잡음·방해물)를 거치며 아까운 시간을 낭비해야 했다. "정보를 찾고, 찾은 정보를 지식화하고, 이를 공유하는 과정이 분절되었다고 생각했습니다. 이 불편함이 제겐 기회로 보였어요. 보편적인 문제인데 이를 겨냥한 서비스가 없었거든요."

세 번의 팀 해체 후
외주 개발자까지 잠적

—

동영상, 블로그, 홈페이지 등 누군가 선별한 정보를 모아서 논리적

▲ 피큐레잇 송석규 대표(위)와 피큐레잇 팀(아래)

으로 정리해주는 플랫폼을 만들기로 했다. 2017년 미국에 피큐레잇 법인을 설립하고 서비스 개발에 나섰다. "논리적 링크의 집합을 생성하고, 이를 타인과 공유할 수 있는 기술로 특허 등록 작업부터 들어갔습니다. 미국에서는 약식 사전 특허를 신청할 수 있거든요."

누구보다 많은 시행착오를 거쳤다. 개발 과정을 요약하자면 '실패 모음집'이었다. "참고할 유사 서비스가 없었던 탓일까요. 팀 빌딩 과정에서 팀이 세 번이나 깨졌어요. 결국 외주 개발로 방향을 틀었는데 개발사가 폐업하거나 소개받은 개발자가 잠적하는 등의 사건을 겪었어요." 이후 우크라이나 개발팀, 베트남 개발팀을 거쳐 현재 피큐레잇 내부 개발 팀원 5명이 개발을 진행하고 있다. 기술 기반이 없는 CEO가 겪을 수 있는 실패란 실패는 다 겪어본 셈이다.

한 번 실패할 때마다 시간과 자금이 훅훅 빠져나갔다. "투자를 유치하기 위해 보스턴 지역의 잠재 투자자들을 30분 단위로 만났지만 번번이 거절당했어요." 결국 자금이 고갈돼 2019년 한국으로 돌아올 수밖에 없었다. "귀국을 결정했을 때 남은 게 빚밖에 없었어요. 비행기 표 살 돈도 없어서 부모님에게 도움을 요청해야 했죠. 어머니에게 '나이 마흔에 세상에서 제일 나쁜 자식이 부모에게 돈 빌리는 자식이다'라는 아픈 말까지 들어가면서요. 정말 서러웠습니다."

귀국 후 재출발,
베타 서비스 출시

—

2019년 한국 법인을 설립했다. 국내 알고리즘 최고 전문가와 UX·UI(사용자 경험·사용자 인터페이스) 전문가를 영입해 재정비에 나섰다.

2021년 9월 피큐레잇 베타 서비스를 출시했다. "링크를 저장할 때 메모를 남기면 정보를 쉽게 관리할 수 있습니다. '광화문 맛집'을 제목으로 선정해서 가고 싶은 식당을 포스팅한 블로그나 관련 홈페이지의 링크를 저장했다고 가정합시다. 개별 링크에 '비건', '수제 피자 맛집' 등의 메모를 추가할 수 있는 거죠." 링크에 위계와 맥락만 더해도 지식 콘텐츠가 된다. 이 외에 웹 페이지에 도달하게 된 검색 경로, 저장하고 싶은 지점 등을 AI가 인식하고 능동적으로 저장해주는 기능을 준비 중이다. AI가 제목과 카테고리도 알아서 생성하는 기능도 개발하고 있다.

서비스에 소셜미디어의 속성을 추가했다. "다른 사람이 어떤 정보를 찾았는지 쉽게 엿볼 수 있습니다. 내가 관심 가질 만한 링크 꾸러미를 추천도 해줘요. 내가 모은 링크 꾸러미를 토대로 내 취향을 유추할 수 있거든요." 만약 이용자가 찾은 광화문 맛집이 대부분 칼로리가 낮고, 매운 음식을 제공하는 곳이라면 '저칼로리', '매운맛'을 토대로 링크 꾸러미를 추천해주는 식이다. 이렇게 정보 찾는 시간은 줄이고, 습득한 정보의 질은 올릴 수 있다.

창업가에게 '청개구리 정신'이
필요한 이유

—

많은 기관으로부터 아이디어의 참신함을 인정받았다. 뱁슨 출신들이 경연하는 창업경진대회에서 준결승에 진출했고, 다수의 액셀러레이터와 서울대학교 기술지주, 스마트스터디벤처스 등으로부터 투자를 유치했다. "큰 실패를 딛고도 여기까지 온 건 비효율적인 정보 습득 과정을 개선하겠다는 집념 덕분이라고 생각합니다. 한 사용자로부터 '내가 평생 기다려온 최고의 서비스'라는 말을 들었을 때 걸어온 길이 헛되진 않았단 생각이 들어 가슴이 벅찼습니다."

정식 서비스 출시에 이어 당초 목표했던 해외 진출까지 할 구상이다. "이용자의 정보 습득 패턴을 분석해서, 오래 머물렀던 사이트를 알아서 모은 후 카테고리 분류까지 해주는 기능을 준비 중입니다. 누군가의 리서치(research, 조사) 끝이 다른 이의 리서치 시작이 되는 서비스를 만들겠습니다."

주류 의견에 따르면 실패 확률을 낮출 수는 있지만, 그것이 꼭 혁신을 담보하지는 않는다고 강조했다. "세상을 바꾸는 혁신적인 아이디어들은 발현 시점에 주변의 공감을 못 받았어요. 구글의 검색엔진이 처음 나왔을 땐 사람들이 필요로 하지 않았죠. 반대로 공감을 많이 받는 아이디어는 실패 확률은 낮지만, 세상을 뒤집을 만큼 혁신할 확률도 낮아요. 다들 미쳤다고 하지만 제게 세상을 혁신할 인사이트가 있다고 믿습니다. 그저 사람들의 선택을 받는 서비스를 하고 싶은 게 아니에요. 사람들이 어떻게 해결해야 할지도 모르는 문제에 대한 해결책을 계속 던지겠습니다."

...

모듈형 주택 건축 스타트업 '스페이스웨이비' 홍윤택 대표
한 달 살이 숙소 예약 추천 서비스 '리브애니웨어' 김지연 대표
세계 최초의 벽 공유 플랫폼 '월디' 한종혁 대표
3050 남성을 위한 패션 스타일링 플랫폼 '테일러타운' 김희수 대표
AI 맞춤 영양관리 솔루션 '알고케어' 정지원 대표

CHAPTER **3**

허를 찌르는
신선한 아이디어의 탄생

정말 3천만 윈에
이 집을 드립니다

모듈형 주택 건축 스타트업
스페이스웨이비 홍윤택 대표

코로나19 팬데믹 당시 거리두기가 사회 규범으로 자리 잡으면서 남과 마주칠 우려 없는 독립 공간이 인기를 얻었다. 이런 추세를 반영해 새로운 유형의 집도 등장했다. 건축 스타트업 스페이스웨이비의 타이니 하우스(Tiny House) '웨이비룸'이다.

이름처럼 6~10평(약 19~33m²) 안팎의 작은 집이다. 아담하지만 욕실, 취사 시설 등 필요한 건 다 갖췄다. 공장에서 완제품을 조립해서 현장에 올리는 모듈러 주택이라 공사 중에 발생하는 폐기물, 소음 등의 문제를 없앴다. 스페이스웨이비의 홍윤택 대표를 만나 새로운 유형의 공간을 만들게 된 계기에 대해 들었다.

작지만 강한 집
'타이니 하우스'

—

스페이스웨이비의 타이니 하우스 웨이비룸은 공장에서 주택의 80% 이상을 만들어 현장에서 세우는 모듈러 주택 방식으로 시공된다. 하나당 최소 6~12평(약 19~39m²)의 크기로 화장실, 조리 시설, 침실, 빔프로젝터, 매립형 스피커 등 구매자 취향에 맞게 부대시설을 추가할 수 있다. 내장재와 마감재의 소재와 색상도 선택할 수 있다. 가격은 6평 기준으로 옵션에 따라 3천만 원 초반에서 4천만 원 중반대다.

조립형 건축물은 내구성이 약할 것이라는 우려와 달리 튼튼하다. 열에 강하고 소음 방지에 효과적인 내부 단열재와 내구성이 좋은 친환경 마감재인 자작나무 합판을 썼다. 모두 일반 건축물에 사용되는 재료로, 외부 충격에 약하지 않다. 결합 방식과 관련한 8개의 기술 특허도 보유 중이다. 무게는 6~8톤으로, 강풍에도 끄떡없다.

"건축에도 4차 산업혁명이
필요합니다."

—

이른 나이에 진로 방향을 크게 튼 적이 있다. "일리노이주립대 공과 대학에 입학했다가 뉴욕의 종합 예술 학교인 프랫대학교 건축학과

108

로 편입했습니다. 대학 입시 때는 여느 이과생들처럼 공대를 택했지만 대학에 입학하고 보니 예술이 하고 싶었거든요." 공학 지식을 활용할 수 있는 예술 분야를 찾아 나섰다. 고민 끝에 인류가 살아가는 데 필요한 공간을 창출하는 건축학을 택했다.

건축학 중에서도 '건축 및 도시 설계'를 심층적으로 공부했다. "5년 동안 사람이 살아가는 데 필요한 인프라 구축, 도시계획법에 파고들었습니다. 졸업 논문 주제도 '필리핀의 인구 밀도, 빈곤, 슬럼화를 해결하는 방법'이었어요." 이처럼 그는 빈곤, 양극화 등 사회문제를 건축으로 풀어나가는 법에 관심 많은 학생이었다.

늘 창업을 꿈꿨다. "창업은 건축과 비슷합니다. 0에서 1로 나아가는 과정이죠. 무에서 유를 만드는 창업에 매력을 느꼈습니다. 학생 때 창업에 도전한 적이 있어요. 이해관계가 맞지 않아 관뒀지만 언젠가 꼭 내 일을 하겠다고 결심했습니다."

2018년, 한국에 돌아와 실전 경험을 쌓기 위해 공유 오피스를 운영하는 스타트업 패스트파이브의 E&C(Engineering&Construction) 매니저로 입사했다. "인테리어 시공과 공무를 담당했습니다. 건축을 공부했지만 현실 시공은 이곳에서 처음 해봤어요. 현장 경험을 익히고 스타트업 경영법도 배웠습니다. 한 회사가 급성장하는 과정을 가까이서 지켜볼 수 있어서 좋았어요." 실제로 50번째로 입사했던 그가 퇴사할 때 패스트파이브의 구성원은 160명에 이르렀다.

고급 호텔 객실을
자연 한가운데 둔 듯한 숙소

—

잘 아는 분야에서 출발하기로 했다. 2019년 7월, 건축 스타트업을 창업했다. 건축업계에 새로운 파동을 일으키겠다는 뜻을 담아 사명을 스페이스웨이비(Spacewavy)라고 지었다. "4차 산업혁명 붐이 일면서 산업 전반에 정보 통신 기술(IT)이 접목되고 있었습니다. 하지만 건설 업계는 변함이 없었어요. 몇십 년 전 시공법을 그대로 고수하고 있을 정도였죠. 건축·건설 과정을 자동화해서 혁신을 일으키고 싶었습니다."

창업 첫 단추가 목조 소형 주택 '타이니 하우스'다. "뉴욕 유학 시절, 타이니 하우스를 쌓아 40층짜리 아파트를 짓는 걸 본 적이 있습니다. 조사해보니 미국·유럽·호주 등 서구권에선 타이니 하우스가 많이 보급됐더라고요. 하나만 별장처럼 쓰거나, 여러 개 모아 건물이나 마을을 이루는 방식으로요."

무엇보다 주택을 소비재처럼 사고파는 방식이 마음에 들었다. "처분할 때 건물을 허물지 않고 다른 데 팔아버려도 되니 땅에 붙어 있는 건물보다 이점이 많아 보였습니다. 흥미가 갔어요."

그의 말처럼 모듈러 건축은 다방면에서 이점이 많은 건축 방식이다. 우선 건설 기간이 짧다. "보통 건물 하나를 짓는 데 최소 6개월에서 길면 3년이 소요되는데요. 타이니 하우스 제작 기간은 2주, 설치기간은 2~3일에 불과합니다."

▲ 스페이스웨이비의 웨이비룸

환경에 미치는 영향도 적다. "과도한 토지 공사로 인한 자연 훼손 우려가 없습니다. 타이니 하우스가 들어설 부지만 정리해 건물을 쌓아 올리면 되니까요." 공장에서 완제품을 만들어 가져오는 구조라 현장 폐기물도 없다. 그러다 보니 현장에서의 소음, 분진 유발 위험도 적은 편이다.

혁신적인 생산 방식도 눈여겨봐야 할 부분이다. "모듈러 건축 방식은 생산 환경이 통제되는 공장에서 이뤄지기 때문에 기상이나 기후 등 외부 환경의 영향을 덜 받는 편입니다." 동일한 부자재 사용, 품질 관리 등 표준화된 제조가 가능하다는 점도 큰 장점이다.

잠수 탄 첫 클라이언트,
비웃은 잠재 고객

—

우리나라에서 낯선 타이니 하우스 개념을 시장에 소개하는 일은 결코 녹록지 않았다. 집 짓는 과정처럼 단계별로 회사를 키워나가야 했다.

창업 초반에는 인테리어 공사로 연구·개발비를 조달했다. 음식점, 카페 등 상업 공간을 중심으로 작업하다 세련된 건축 방식으로 이름이 나면서 전원주택 인테리어를 희망하는 개인 고객까지 유치했다. "40년 된 교회 건물을 리모델링할 때는 공유 오피스 방식의 현대적인 개념을 도입해 호평을 받았어요. 클라이언트의 정체성과 동선을 고려해서 설계해주는 회사라고 알려졌죠."

인테리어 공사로 자금을 조달하면서 지인을 중심으로 틈틈이 타이니 하우스를 홍보했다. "첫 1년 동안은 단 한 개도 팔지 못했습니다. 여러 번 미팅 후 건축 도면까지 줬는데 잠적해버린 고객도 있었어요. 모델하우스와 공장이 없어 계약할 수 없다는 반응도 많았어요." 어떤 쓴소리들은 스페이스웨이비가 앞으로 나아가야 할 방향에 대한 단서가 되었다. 2019년 8월, 중소벤처기업부 초기 창업 패키지 지원사업에 선정되면서 받은 지원금으로 경기도 안산시 대부도에 1호 모델하우스를 설치했다.

기회는 우연히 찾아왔다. 유명 캠핑 유튜브 채널에 웨이비룸이 소개된 것이다. "'이건 농막이 아니라 작품이다', '디자인이 훌륭하다'

▲ 스페이스웨이비 홍윤택 대표(위)와 스페이스웨이비 팀(아래)

는 댓글이 달렸습니다. 유튜브에서 보고 연락했다는 문의 전화가 폭
주했어요. 때마침 차박, 농막 문화가 TV 프로그램에 나오면서 구매
수요가 폭증했죠." 현재는 자사 유튜브 채널 웨이비 스튜디오를 통
해 모듈러 건축과 타이니 하우스 관련 콘텐츠를 게시하고 있다.

　사업이 안정궤도에 이른 현재, 경기도 화성 공장에서 모듈을 제작
하고 있다. 최근 생산 시설을 확장해 40개 이상의 모듈을 동시에 제

작할 수 있는 역량을 갖췄다. 지금까지 50채 이상의 웨이비룸을 제조해서 판매했다. 계약된 대기 모듈 건수만 100채가 넘는다.

자산 증식 수단으로 여겨지는
'부동산'에 대한 청년 건축가의 생각
—

기존 부동산 개발 산업의 한계를 극복하려 노력하는 중이다. "통상 하나의 부동산 개발 프로젝트에 설계사, 시공사, 건설사, 인테리어 회사 등 다양한 이해관계자가 동반됩니다. 그만큼 수익성을 많이 내야 한다는 부담이 발생하죠." 이런 구조 때문에 분양에 방점을 두거나 단순히 예쁜 공간을 만들어 임대하는 데 치중하는 경향이 있다. "저희는 부지 개발부터 건축 설계, 디자인, 시공, 운영까지 전 과정을 아우릅니다. 수익성도 중요하지만 저희가 창출한 공간에 아이덴티티를 부여하고, 이를 통해 새로운 이야기와 문화를 만들고 싶은 게 저희의 사명이니까요."

우리나라의 건축 생태계를 바꾸는 게 목표다. "타이니 하우스를 새로운 형태의 스테이로 인식시키는 게 1차 목표입니다. 차근차근 이동형 집, 호텔, 리조트, 주거단지 등의 영역으로 사업을 확장할 구상이에요. 변하지 않을 것 같은 건축계에 긍정적인 변화를 일으키겠습니다."

'여기에 한 달만 살아 보고 싶다' 그 꿈, 제가 이뤄 드릴게요

**한 달 살이 숙소 예약 추천 서비스
리브애니웨어 김지연 대표**

"한 이용자 후기를 접했어요. '퇴직 후 리브애니웨어를 통해 숙소를 구했는데, 자신에 대해 생각하는 시간을 가질 수 있어서 좋았다'는 내용이었죠. 저희 서비스가 많은 분에게 추억과 생각할 거리를 드리는 것 같아 보람을 느낍니다."

코로나19 팬데믹은 일하는 방식에 큰 변화를 일으켰다. 재택·원격 근무를 도입하는 사업장이 많아졌고, 비대면 회의와 보고도 일상이 되었다. 유목민처럼 거주지를 옮겨 다니며 원격으로 일하는 디지털 노마드도 과거보다 확산되었다.

'한 달 살이' 숙소 추천·예약 서비스 '리브애니웨어'는 사무실의 풍경 변화에 힘입어 고속 성장 중이다. 리브애니웨어 김지연 대표를 만나 한 달 살이에 주목한 이유에 대해 들었다.

장기 숙박에 특화된
에어비앤비

—

리브애니웨어는 업무 방식 변화의 수혜를 크게 입은 스타트업이다. 처음 한 달 살이 하는 사람들을 타깃으로 사업을 시작했다. 그러다 코로나19 사태가 터졌고, 한두 달 집을 빌려 재택근무 장소로 활용하는 이들을 새로 공략하는 데 성공했다.

경쟁 서비스들은 주로 1~2박 단위로 숙박비를 책정해 비싼데, 리브애니웨어는 한 두달 단위로 임대료를 설정해 저렴하다. 임대차계약서도 작성해준다. 전국 63개 지역에서 독채·아파트·오피스텔·펜션 등 다양한 형태의 숙소 8천 채를 운영하고 있다. 최근에는 베트남 다낭, 태국 치앙마이 등 해외의 숙소도 아우르는 중이다.

창업의 꿈을 가졌지만
일단 취업을 선택하다

—

김 대표는 세종대학교 호텔경영학과 10학번이다. "신입생이던 2010년 아고다(숙소 예약 플랫폼)·스카이스캐너(항공권 예약 서비스) 같은 OTA(Online Travel Agency, 온라인 여행사) 서비스가 등장하기 시작했습니다." 빠르게 변하는 세상을 보면서 IT 기술을 접목한 여행·관광 서비스로 창업을 해보고 싶었다.

▲ 리브애니웨어 김지연 대표

포부는 컸지만 돈도, 경험도 없었다. 실무 능력을 쌓기 위해 2015년 대학을 졸업하고, 외국인 관광객에게 식당을 추천하는 스타트업 레드테이블에 취업했다. "초기 멤버로 들어가 3년간 마케팅, 영업 등을 담당했습니다. 외국인 관광객을 대상으로 홍보하는 일이 쉽지 않았어요. 비용도 많이 들었죠. 결국 개인 여행객이 아닌 기업 고객으로 타깃을 전환하게 됐어요." 덕분에 기업 고객 대상의 비즈니스 경험을 쌓을 수 있었다.

2018년 여행 액티비티 예약 플랫폼 와그트래블로 이직했다. "디즈니랜드 티켓, 유레일 패스, 현지 투어 등 다양한 상품을 해외 현지 업체와 계약해서 소싱하는 일을 맡았어요." 직장 생활 동안 인바운드(해외에서 국내로 여행 오는 것)와 아웃바운드(국내에서 해외로 여행 가는 것) 서비스를 모두 경험했다. 여행 비즈니스의 전반적인 흐름을 읽는 눈도 생겼다.

한 달 살이 트렌드를 보고
건너간 치앙마이

—

해외 여행 관련 창업 아이템을 고민하던 중 새로운 지점이 눈에 들어왔다. "3~4일이 대다수였던 여행 기간이 어느 순간부터 짧게는 일주일, 길게는 한 달까지 장기화되더라고요. '퇴사 후 한 달 살이' 같은 트렌드가 확산된 영향이었습니다. 이 시장에 관심이 갔어요."

한 달 살이 수요자에게 가장 부족한 서비스가 무엇일까 연구했다. 역시 숙소였다. "사람들이 장기 숙소 구하는 패턴을 분석했어요. 해외 현지 부동산 소개를 받아 무슨 내용인지 잘 모르는 서류에 서명하는 방식으로 계약하는 경우가 대부분이더군요. 전화 예약 후 선불로 돈을 보냈다가 사기당하는 일도 빈번했어요. 공유 숙박 서비스라는 대안이 있기는 하죠. 하지만 1~2박 단위로 가격이 책정돼 1박 10만 원짜리 숙소라면 한 달에 무려 300만 원이나 내야 합니다. 완벽한 대안이 되기 어렵죠." 시장조사 과정에서 한 달 살이 숙소 시장에 틈새가 많다는 것을 발견했다.

창업 아이템을 '한 달 살이 전문 숙소 플랫폼'으로 결정했다. 2019년 가을, 태국 치앙마이로 떠났다. 치앙마이는 아름다운 경관과 고즈넉한 분위기로 한 달 살이의 성지로 꼽힌다. "현지 온라인 사이트를 뒤져 숙소를 검색하고, 부동산을 방문하고, 집주인도 만나고, 현지 숙소 연결 플랫폼과 업무 협약도 맺었어요. 발품으로 네트워크를 구축한 거죠. 열흘 동안 숙소 30군데는 돌아다녔을 겁니다. 무작

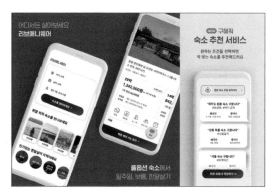

◀ 리브애니웨어 앱

정 오피스텔이나 풀빌라의 프런트 데스크에 가서 협업 제안을 한 적
도 있어요."

같은 해 겨울, 일단 치앙마이의 장기 숙소 추천 앱을 열었다. "한
시라도 빨리 이용자 반응을 보고 싶어 서둘러 서비스를 출시했어요.
치앙마이에서 한 달 살이가 가능한 숙소를 추천해주고 이용자 후기
를 제공했죠. 숙소 예약 같은 기능을 넣는 걸 고려하긴 했지만, 바로
도입할 수 있는 상황은 아니었어요." 당장은 수요 파악이 중요하다
고 생각해 업체로부터 별도의 수수료나 광고비를 받지 않았다.

코로나19로 하늘길이 막히자
국내로 노선 변경

—

치앙마이에서 서비스 가능성이 확인되면 숙소 정보를 제공하는 지

▲ 리브애니웨어 숙소

역을 확대할 계획이었다. 그러다 2020년 코로나19 사태가 터졌다. 해외 여행길은 꽉 막혔고, 대신 제주·강릉 등 국내 휴양지를 찾는 사람이 늘었다. 비대면 근무가 확산되면서 국내로 '원격근무 여행'을 떠나는 경우도 생겼다. 일단 국내로 눈을 돌리기로 했다.

플랫폼에 입점할 새로운 숙소를 확보하기 위해 발품부터 팔았다. "2020년 3월부터 서울과 강원도를 오가며 하루 10시간씩 운전했어요. 강릉과 제주도의 아파트·오피스텔 단지에 한 달 살기용 숙소를 구한다는 전단지를 돌렸습니다. 아파트 단지 경비원에게 쓴소리를 듣고 쫓겨난 적도 있어요. 호스트(집주인) 커뮤니티 등에도 숙소 모집 글을 올렸죠." 확보한 호스트를 통해 새로운 호스트를 또 소개받았다.

수요 확인을 위해 아주 기초적인 형태의 서비스 운영을 시작했다. "숙소 예약 가능 유무와 호스트의 연락처를 게스트에게 전달하는 방

식으로 출발했어요. 기능이 딱히 없는데도 제주도를 중심으로 수요
가 폭발했어요. 사업성이 있다고 판단하고 2020년 6월에 리브애니
웨어 법인을 만들었습니다."

차별화된 콘텐츠를 제공하는 데 주력했다. "오랜 기간 머무는 공
간인 만큼 사전에 숙소를 잘 파악할 수 있는 제반 여건을 마련하는
데 신경 썼습니다. 집 구조를 확인할 수 있도록 동영상 콘텐츠를 제
공합니다. 오래 머무는 숙소인 만큼 취사와 세탁 시설 등을 모두 갖
춘 풀옵션 숙소가 대부분인데요. 옵션들의 스펙을 세세하게 공개했
습니다."

앱 내에서의 예약 서비스도 도입했다. "처음엔 카카오톡으로 예
약 상담을 받고, 계좌이체로 보증금이나 숙박비를 받는 형태로 운
영했습니다. 그러다 서비스 고도화를 위해 2020년 8월에 스트롱벤
처스로에서 시드 투자를 받아 자동 예약 서비스를 개발했습니다."
2021년 2월부터 앱에서 바로 문의, 예약, 결제까지 할 수 있다.

부동산 계약 부담은 줄이고
몸은 자유롭게

—

리브애니웨어는 다른 숙소 예약 플랫폼 및 숙박 공유 서비스와 여러
지점에서 다르다. "최소 6박부터 예약할 수 있습니다. 취사 시설과
세탁 시설을 갖춘 풀옵션 숙소를 구할 수 있죠." 부동산 앱과도 여

러 부분에서 차이가 있다. "부동산 앱에서 구할 수 있는 집은 대부분 1년 단위로 계약하는데요. 리브애니웨어에서는 월 단위로 집을 빌릴 수 있으며 보증금도 30만~50만 원대로 저렴한 편입니다." 안전장치까지 마련했다. "게스트 입장에서 보증금을 돌려받지 못할까 봐 걱정할 수 있습니다. 신뢰를 확보하기 위해 모든 계약 건에 부동산 임대차계약서를 작성합니다. 앱 내에서 전자 계약서를 쓰면 됩니다."

어디서든 살 수 있다(Live anywhere)는 이름처럼 '거주의 자유'를 주는 회사가 되는 게 목표다. "한 달 살이 문화는 확산될 겁니다. 단순 휴식이 아니라 살아온 궤적을 되짚어 보는 기회로 긴 여행을 떠나는 사람이 많아졌거든요. 여행지에 오래 머무르며 원격으로 업무를 진행하는 '워케이션'도 인기를 끌고 있어요. 그런데 현재의 부동산 계약 시스템은 높은 보증금과 긴 계약 기간을 요구합니다. 한 달 살이가 부담스러운 상황이죠. 저희가 계약 단위를 월로 쪼갰으니 '홍대에서 한 달, 강릉에서 두 달 사는' 식의 문화가 널리 퍼질 수 있지 않을까요? 한 달 살이 문화의 확산은 지역사회에도 좋은 일이라고 생각합니다. 작은 시골 마을마다 경제적·문화적 활기를 불어넣어 줄 테니까요. 내가 원하는 때 원하는 곳에서 살 수 있는 문화를 만드는 데 기여하겠습니다."

30대 청년이 서울 유명 상권의 건물을 차례로 접수한 비결

세계 최초의 벽 공유 플랫폼
월디 한종혁 대표

스트리트 아트는 '음지의 작품'이란 인식이 있다. 하룻밤 사이 사라지는 일도 비일비재해 작품성을 제대로 평가받을 기회도 적다.

이프비주식회사는 스트리트 아트를 음지에서 양지로 끌어올렸다. 스트리트 아트를 상업광고, 케이팝 스타 같은 주류 영역에 접목해 벽을 새로운 플랫폼으로 활용하는 중이다. 기업에게는 신규 광고 창구를, 건물주에게는 새로운 수익 창출 기회를, 아티스트에게는 일감을 제공한다. 이프비주식회사의 한종혁 대표를 만나 벽에 주목한 이유를 들었다.

벽에 '새로운 면'을
만들어주는 플랫폼

—

이프비주식회사는 벽 공유 플랫폼 월디(WALLD)를 운영한다. 월디는 광고주에게 광고 제작 의뢰를 받은 뒤 건물주로부터 승인받은 벽을 옥외 광고판으로 활용하는 비즈니스다. 벽에 그림을 그리는 아티스트와는 수익을 공유한다.

　방치된 벽의 가치를 복원하거나 노후 지역에 활기를 불어넣을 수 있다. 부산의 BTS 벽화, 춘천의 손흥민 벽화, 홍철책빵의 노홍철 벽화 등으로 이름을 알렸다. SK가스, 마리메꼬, 알렉산더 맥퀸, 무신사, 현대자동차, 서울시 등 다양한 클라이언트가 월디를 찾았다.

세계 정복 꿈꾼 창업 꿈나무가
뉴욕에서 발견한 것

—

아이디어 노트를 들고 다니던 창업 꿈나무였다. 2005년 서울시립대학교 경영학과에 진학했다. "초등학생 때부터 세계 정복을 꿈꿨어요. 전쟁 같은 무력 수단 대신 아이디어로 세계를 지배하고 싶었죠. 마이크로소프트나 애플이 서비스와 기기로 전 세계 소비자를 사로잡은 것처럼요." 창업 하나만 바라보고 경영학과에 진학했다. 남들 다하는 학점 관리도 안 하고 창업 준비에 집중했다. '글로벌', '국제'

▲ 이프비주식회사 한종혁 대표

수식이 붙은 수업이나 다른 과의 전공 강의를 수강하며 호기심을 채웠다.

2011년, 어학연수를 목적으로 떠난 미국 뉴욕에서 좋은 기회를 만났다. "뉴욕에서 한 중년 신사를 도와줬어요. 답례로 식사 대접을 받게 됐죠. 알고 보니 그분은 뉴욕 한인계에서 유명한 인물이었어요. 저를 좋게 평가했는지 자기 회사의 마케터로 일해보라고 제안하더라고요." 오래된 건물을 리모델링하는 건축설계 회사였다. 그때부터 월 급여로 3천 달러를 받고, 맨해튼 중심가에 거주하는 부유한 인턴으로 살았다. "이때 고급 취향이 생겼어요. 노후 공간을 재탄생시키는 일의 가치에 눈 떴고, 도시 곳곳을 채운 그라피티(벽면에 페인트, 스프레이 등으로 낙서처럼 그린 그림)에도 매료됐죠."

인턴 생활을 마치고 세계 여행을 떠났다. 450일간 48개국을 다녔다. "뉴욕 생활 이후 공간과 미적인 것에 관한 관심이 커졌어요. 세계 각국의 미술관에서 거장의 작품을 감상했어요. 이름 모를 골목에서 스트리트 아트를 넋 놓고 바라본 적도 있죠." '작가가 꼭 캔버스에 그림을 그려야 할까.' 여행하며 벽의 가능성을 발견했다. 2012년까지와는 완전 다른 사람이 되어 한국 땅을 밟았다.

대기업 퇴사 후 첫 창업, 처참한 실패

—

졸업 후 창업을 하고 싶었지만 그럴 수가 없었다. 취업해야 할 사정이 생겼기 때문이다. 2013년 포스코에 입사했다가 3개월 후 NHN으로 환승 취업했다. "NHN 입사 연수에서 1등을 했어요. 어른들의 눈에 띄어 전략투자팀에 발탁됐죠." 3년 반 동안 스타트업 투자, M&A 등의 업무를 했다. 훌륭한 직장이었는데 창업이 하고 싶어서 견딜 수가 없었다. "일종의 신내림 같은 '창업내림'을 거역하니 몸이 아파오더군요. 극심한 스트레스에 호흡곤란까지 와서 2016년 10월 퇴사했습니다."

휴식기 동안 아이디어 노트에 기록한 것들을 점검했다. 각 아이디어의 실현 가능성을 계산하며 창업 아이템을 찾아 나섰다. 2017년 8월, 두 개의 비즈니스를 시작했다. "유기동물과 스트리트 아트 관련 아이템이었어요. 후자의 경우 슬럼가의 스트리트 아트로 옷을 만들어 수익금을 슬럼가에 환원하는 비즈니스였죠." 이 아이디어로 고용노동부의 소셜벤처 아이디어 경진대회에서 대상을 받았다. 그때 처음 투자 제안도 받았다. "'대박 나겠다'는 자신감이 차올랐어요."

2018년 4월, 이프비주식회사 법인을 설립했다. 같은 해 사회적 기업 육성사업에 선정되었고, 외부와 협업할 기회도 거머쥐었다. "하지만 인생이 원하는 대로 굴러가지 않더군요. 대기업의 반려동물 앱 서비스에 유기동물 관련 콘텐츠를 공급하는 계약을 맺었는데요. 창의성이 아니라 업체의 입맛에 맞춰서 일하는 저희의 모습을 발견했어요. 점점 흥미를 잃었죠." 유기동물이 처한 상황을 개선하고 싶어서 비즈니스를 시작한 것인데, 이들이 현실적으로 할 수 있는 것이 없었다. "리스크 대비 얻을 수 있는 게 없었어요. 2019년 2월에 유기동물 사업을 접기로 했어요."

스트리트 아트 의류 비즈니스도 진전이 없는 건 마찬가지였다. "시제품 디자인이 마음에 들지 않아 디자이너를 세 번이나 교체했어요. 알고 보니 디자이너 문제가 아니었어요." 크게 그려진 스트리트 아트를 몇 뼘 되지 않는 티셔츠 사이즈로 줄인 게 진짜 문제였다. 웅장한 맛에 감상했던 스트리트 아트의 크기를 줄이는 과정에서 매력도 줄어든 것이다. 2019년 9월, 의류 사업도 종료했다. "사업 개발만 하다가 옷을 단 한 장도 판매하지 못하고 철수하는 참극이 벌어졌어요. 멘탈이 무너지고 말았죠."

스트리트 아트에 상업광고 접목,
손흥민 벽화로 유명세

—

다시 아이디어 노트를 펼쳤다. 스트리트 아트 의류 비즈니스를 할 때 이벤트 중 하나로 구상했던 '벽화 그리기'가 눈에 들어왔다. "'줄일 수 없으면, 그 크기 그대로 옮기자'가 출발점이었어요. 당시 사무실이 성수동에 있었는데요. 성수동의 벽들이 새롭게 보였어요. 좋은 벽도 너무 많았죠." 2020년 3월, 벽에 스트리트 아트를 접목한 광고를 만드는 일을 해보기로 결심했다.

벽을 섭외하는 게 급선무였다. '침 바르기 작업'에 들어갔다. "파급효과가 클 것 같은 벽부터 찾아 나섰어요. 성수동, 서울숲 카페거리, 연남동, 한남동 등지에서 150개의 벽을 확보했죠. 벽을 빌려준 건물주에게는 사용 기간 동안 임대료를 주기로 했어요." 건물주들의 반응은 긍정적이었다. 코로나19 사태로 사람들의 발걸음이 뚝 끊기면서, 입주사와 건물주 모두 힘든 상황이었기 때문이다. "제 제안이 부가 수입을 창출하면서 빌려준 건물의 가치를 올릴 수 있는 대안이 돼줬죠."

광고주를 모집하려면 포트폴리오가 필요했다. 실력 있는 아티스트에게 일일이 연락해 함께하자고 제안했다. 2020년 8월, 성수동 대림창고 옆 벽에 첫 벽화를 선보였다. "코로나19 종식을 기원하는 내용이었는데, 언론에 보도될 정도로 화제를 모았어요." 첫 포트폴리오를 알린 후 관심 가는 광고주에게 메일을 보냈더니 한 명도 빠

▲ 월디의 작업물

짐없이 답장해왔다. 광고주를 선택할 수 있는 상황이 펼쳐졌다. "여러 기업과 협의 끝에 OTT(온라인 동영상 서비스) 업체 '웨이브'와 패션업체 '한섬'을 첫 광고주로 받았습니다. 연남동에 가수 겸 배우 아이유를, 신사동 가로수길에는 모델 최소라를 크게 그렸습니다."

2021년 4월, 케이팝 스트리트 아트 서비스를 론칭했다. 팬덤의 요청을 받아 전국 각지의 유휴 벽면에 인기 스타의 얼굴을 그리는 서비스다. "우리나라에는 케이팝과 강력한 팬덤이라는 무기가 있어요. 지방의 노후한 건물 벽에 스타의 얼굴을 새겨 랜드마크를 만들면 낙후된 지역에 활기를 불어넣어줄 수 있죠." 부산 감천문화마을에 BTS의 정국과 지민을, 전주 한옥마을의 한 카페 벽에 소녀시대 태연을 그렸다. 가장 화제가 되었던 건 '손흥민 벽화'다. "토트넘 팬클럽의 요청을 받아 춘천의 팔호광장에 손흥민 벽화 작업을 했는데요. 반응이 폭발적이었습니다. 토트넘의 공식 사회관계망서비스(SNS) 계정에 저희 작품이 올라갔죠."

전 세계를 무대로 하는
종합 벽 플랫폼 목표

—

지금까지 부산, 포항, 광주, 전주, 춘천 등지에서 20개의 프로젝트를 수행했다. 벽에 솜씨를 뽐내는 작가는 60여 명으로 늘어났다. 컨스트럭션 아트(Construction Art, 채색·질감 등을 달리해 건물 외양을 바꾸는 작업), 월 스케이프스(Wall Scapes, 대형 설치미술과 같은 작업) 등으로 사업 영역도 확대했다.

주 수익원은 광고 임대료다. 광고주에게 받은 임대료 일부를 건물주에게 주고 나머지를 이들이 가지는 구조다. 아티스트에게는 작업비를 지급한다. "광고 작품의 경우 계약 기간이 종료되면 지웁니다. 희소성이 있죠. 지방에서 진행하는 케이팝 아트는 벽을 영구적으로 빌려서 작업합니다."

전 세계 어디든 있는 벽. 다양한 기관과 투자자로부터 비즈니스 모델의 확장 가능성을 인정받았다. "월디는 남의 것을 광고해주면서 우리도 알릴 수 있는 비즈니스예요. 작품 하나가 완성되면 SNS에서 알아서 퍼지고 광고주들이 찾아오죠." 들어오는 모든 의뢰를 받는 것은 아니고 일정 기준에 입각해 광고주를 선정한다. "기준은 단순해요. '재미'입니다. 물론 작품이 악영향을 미치거나 논쟁거리가 되면 안 되니까 주류나 담배 광고, 정치 이슈와 맞물리는 광고는 모두 거절했습니다."

월디는 종합 벽 플랫폼을 꿈꾼다. "지금은 벽에 미술을 입히는 작업을 진행 중이지만, 벽을 다른 방식으로 활용할 수 있는 방법이 더 많다고 생각합니다. 벽 청소, 인테리어, 리모델링 등으로 영역을 확장할 계획입니다. 종국적으로는 전 세계의 벽을 거래할 수 있는 플랫폼으로 나아가고 싶어요. 아프리카 콩고에 있는 벽을 사서, 콩고 반대편에 있는 기업이 그 벽에 광고를 집행할 수 있는 그런 플랫폼을 꿈꾸죠. 그렇게 세계 정복이라는 꿈을 이룰 수 있지 않을까요."

오늘의 고민은 챗GPT에게, 오늘의 코디는 댄블에게

3050 남성을 위한 패션 스타일링 플랫폼
테일러타운 김희수 대표

거리가 멋쟁이들로 가득하다. 멋쟁이들의 옷장을 채워주는 패션 커머스 플랫폼도 우후죽순 생겨났다. 어느 때보다 멋 부리기 좋은 세상이다.

의(衣)생활 전성시대에도 사각지대는 있다. 3050 남성이다. 어릴 적부터 누군가 골라준 대로 입는 것에 익숙했던 이들은 사회인이 되고서야 스스로 옷을 골라야 하는 상황에 처한다. 1020이나 여성과는 달리 그들을 대표하는 패션 커머스 플랫폼도 없다. 스타트업 테일러타운은 틈새시장을 겨냥해 3050 남성을 위한 패션 스타일링 플랫폼 '댄블'을 개발했다. 테일러타운의 김희수 대표를 만나 20대 여성인 그가 3050 남성 패션에 주목한 이유를 들었다.

내게 찰떡인 코디 세트
구매하는 데 걸리는 시간 단 5분

—

테일러타운은 3050 직장인 남성을 대상으로 하는 의류 큐레이션 커머스 '댄블(DANBLE)'의 운영사다. 댄블은 이용자의 신체 사이즈, 체형, 선호 스타일 등을 취합해 맞춤형 스타일링을 해주는 서비스다. 한 달에 한 번, 코디 세트 4개를 추천해준다. 소개팅이나 웨딩촬영 같은 특별한 행사를 앞두고 따로 요청사항을 전달하면, 맞춤형 스타일링도 해준다.

색상뿐만 아니라 사이즈까지 골라주기 때문에 이용자는 댄블이 만들어준 코디 세트를 보고 구매 결정만 하면 된다. 5분이면 내 몸에 딱 맞고 내게 어울리는 의류를 머리부터 발끝까지 구매할 수 있다.

◀ 댄블 앱

누구보다 옷을 사랑했지만
체구가 작아 서러웠던 의류 전공생
—

체구는 작지만 누구보다 당찬 학창 시절을 보냈다. "중학생 때 작은 키가 콤플렉스였어요. 신체 사이즈보다 큰 교복 핏도 불만이었죠. 학생 신분에 몇만 원이 훌쩍 넘는 수선비가 부담스러워 직접 뜯어고치기로 했어요. 옷을 다 뜯은 다음 밤새 손바느질을 했죠." 고등학생 때는 학교에서 주최한 창업경진대회에 출전해 좋은 성과를 냈다. "지하철 탑승 중 휴대폰 배터리가 닳아서 불편함을 느낀 경험에서 착안해 지하철에서 휴대폰를 충전하고 결제하는 비즈니스 모델을 제시했어요. 대상을 받았죠. 두 경험 모두 제게 닥친 문제를 스스로 해결한 최초의 시도이자 좋은 추억으로 남았어요."

2018년 연세대학교 의류환경학과에 진학해 경영학을 복수 전공했다. "어릴 적 교복을 손수 뜯어고친 손맛을 잊지 못해 의류학과에 진학했어요. 누구보다 옷을 좋아하고 옷의 역할을 중시해요. 옷 입는 방식에 따라서 인생이 달라진다고 믿을 정도죠." 다 큰 성인이 키를 늘릴 현실적인 방법은 없다. 하지만 옷으로 키가 더 커 보이게 할 수 있다고 생각한다. "옷은 인상과 신체에서 아쉬운 점을 보완해주는 역할을 합니다. 전공 공부를 하면서 어떻게 하면 사람들이 더 만족스러운 의생활을 할 수 있을지 고민했어요."

의류학을 전공하며 새로운 옷의 바다에서 마음껏 헤엄칠 수 있었지만, 여전히 해결되지 않는 문제가 있었다. 사이즈였다. "선호하는 브랜드의 옷들이 대체로 길어서 꼭 수선을 거쳐야 했어요. 그런데 수선 과정이 만만치 않아요. 수선실이 언제 문을 여는지도 모르고 가격도 제각각이죠." 적어도 수선만큼은 편하게 하고 싶다고 생각하던 중 교내 창업경진대회 공고문을 봤다. 이번 기회에 오래 시달려온 문제를 해결해야겠다 결심하고 비대면 수선 플랫폼 아이디어로 경진대회에 참가했다.

졌지만 잘 싸웠던
첫 창업

—

2학년 2학기였던 2019년 11월, 창업경진대회에서 수상했다. 자신감을 얻어 2020년 1월, 디자이너와 기획자를 섭외하고 '리사이즈'라는 이름의 팀을 꾸렸다. "창업 자금이 필요해서 소셜벤처 창업 부스트업이라는 육성 프로그램에 지원했어요. 처음으로 시장조사를 해보고, 시장 관계자 인터뷰를 하고, 사업계획서를 써봤죠. 프로그램에 합격해서 지원금으로 플랫폼 개발에 들어갔습니다."

비가 유독 많이 쏟아졌던 2020년 여름, 서울 전역의 수선소를 돌아다녔다. "연락처가 없거나 포털에 등록 안 된 수선소가 많아서 무조건 찾아가야 했어요. 박카스를 드리면서 플랫폼 입점 제안을 했습니다. 수선 시장의 평균연령이 높아서 그런 걸까요. '이런 거 필요 없다'며 문전박대 당하기 일쑤였어요. 물론 어린 친구들이 기특한 일

을 한다며 호의를 보이신 분들도 있긴 했습니다." 10곳 중 2~3곳꼴
로 입점을 받아서 여름 동안 약 50곳의 수선실과 입점 계약을 맺었다.

MVP(최소 기능 제품)까지 만들었다. 접수를 하면 옷을 수거해 가서
수선 후 가져다주는 비대면 서비스였다. 그런데 이 영역을 파고들수
록 한계점이 명확히 보였다. "첫 번째 한계는 저만큼 사이즈 문제를
수선으로 해결하는 사람의 수가 많지 않다는 것이었어요. 타깃 시장
이 크지 않았죠. 두 번째는 수익성이 부족했어요. 수선비 자체가 높
지 않은데, 수선비에 택배비까지 더하니 단가가 맞지 않았죠. 세 번
째는 대체재 시장이 이미 존재했다는 점이에요. '키 작은 여성 쇼핑
몰' 등 특정 체형의 소비자를 겨냥한 쇼핑몰이 활성화돼 있었어요."
들인 노력에 비해 설 자리가 작았다. 이 아이템을 접기로 했다.

'3050 남성 직장인'의
의생활에 주목한 이유

—

2020년 12월, 사업 모델 전환을 결심했다. 관건은 '팀원들이 모두
흥미를 가지면서, 사람들이 절실히 필요로 하는 영역'을 발굴하는
것이었다. "첫 번째 아이디어는 사이즈 고민을 물리적으로 해결하는
것이었잖아요. 두 번째는 방향을 틀어서 '몸에 맞는 옷을 골라주는
것으로 사이즈 고민을 해결해주는 건 어떨까' 생각했어요. 또 실패
해선 안 되니 시장 검증부터 들어갔습니다."

▲ 테일러타운 김희수 대표

　나이와 성별을 가리지 않고 수요조사를 실시했다. 1020의 경우 이들을 대상으로 하는 비즈니스까지로 발전시키는 데 한계가 있었다. 자기 취향을 이미 잘 알고 있고, 스타일링 추천이 놀이에 그치는 경향이 짙은 소비자층이었기 때문이다. "타깃을 더 세분화해서 유명 직장인 커뮤니티 게시판에서 설문조사를 실시했어요. '어울리는 옷을 추천해주고 사이즈까지 골라주는 서비스를 만들려고 하는데 인터뷰이가 필요하다'는 글을 올렸죠. 100명이 넘는 직장인이 인터뷰 신청을 했어요."

　응답자 비중은 남성 반, 여성 반이었다. 100명을 일일이 인터뷰해 의류 생활의 고민을 들었다. 여기서 남성과 여성의 고민 방향이 다르다는 점을 알아챘다. "여성분들의 경우 체형이 굉장히 다양해요. 키와 체중이 같아도 체형이 완전히 다를 수가 있어서, 다수의 사용자를 대상으로 옷을 추천하는 게 현실적으로 어려웠어요. 지향하는 스타일도 러블리, 시크, 페미닌 등으로 세분화돼 있죠." 게다가 의류 커머스 플랫폼까지 이미 잘 구축된 상태였다. 파고들 빈틈이 보이지 않았다.

남성 직장인 시장은 정반대 상황이었다. "남성분들의 경우 키, 몸무게, 체형(근육량) 정도만 알아도 사이즈를 정확하게 추천할 수 있겠더라고요. 추천받고 싶어 하는 아이템도 상의, 하의, 아우터 정도로 단순했고 추구하는 스타일도 깔끔한 비즈니스룩 정도로 명료했어요. 여성보다 유행에 민감하지도 않고요." 반면 고민은 더 깊었다. 오프라인으로 옷을 구매하는 이들의 훨씬 많았고, 온라인으로 구매하더라도 단골몰이 없는 이들이 80% 이상이었다. "유명 패션 플랫폼에서 쏟아지는 옷을 구경하다가 뭘 사야 할지 몰라 그냥 나오는 게 일상이었대요. 이 시장이라면 도전할 만하다고 생각했어요."

스스로도 믿을 수 없었던 첫 구매 금액

—

'3050 남성 직장인을 위한 의류 추천 커머스 플랫폼'을 구상하고 밑작업에 들어갔다. 설문 응답자 중 40명의 집에 일일이 방문해 이들의 신체 치수를 측정했다. 선호도와 원하는 바에 대해서 자세히 이야기를 나눴다. "모두 옷에 대해서 잘 모르지만, 옷을 잘 입고 싶어

하는 욕구가 강한 분들이었어요."

유난히 더웠던 2021년 여름에는 남성복 브랜드를 탐방하느라 바빴다. "타깃 이용자가 선호하는 스타일을 보유하면서도 그들의 지불용의에 맞는 의류를 보유한 브랜드를 찾아야 했어요. 저희가 골라준 옷의 디자인이 마음에 들더라도 가격대가 예산에 맞지 않으면 구매로 이어지지 않을 테니까요." 남성복 시장 전반을 파악하기 위해 발품을 팔았다. 백화점, 보세 상점, 동대문 등 옷을 다루는 곳이라면 어디든 다니며 범위를 좁혔다.

같은 해 9월, 클로즈 베타 버전의 댄블을 출시했다. 설문에 응해서 신체 사이즈를 제공한 이들에게 1페이지 이내의 코디 세트를 전송하는 방식이었다. "사실 큰 기대는 안 했어요. 구매가 발생하는지, 발생 시 브랜드 반응도는 어떤지 확인해보는 게 목적이었거든요." 베타 공개 이튿날 첫 주문이 들어왔다. 80만 원을 훌쩍 넘는 결제 건이었다. "별도의 결제 수단이 없어서 현금 박치기(계좌이체)로 옷을 사야 했는데, 그 관문을 넘어섰더군요. 우리가 설정한 가설이 통했단 걸 인정받은 것 같아서 행복했어요. 그달에만 총 600만 원가량의 거래액이 발생했어요. 기대 이상이었죠."

클로즈 베타를 사용한 모든 이들에게 전화해서 만남을 제안했다. 3개월 동안 피드백을 받으며 서비스를 고도화했다. "사용 후기를 바탕으로 이전에 구매한 옷과 새로 추천받은 옷을 매칭해볼 수 있는 '모바일 옷장' 기능을 추가했어요. 추천 제품 카테고리에 신발도 포함시켰죠." 스케일업을 위한 밑 작업에도 들어갔다. 코디 세트를 꾸려주는 알고리즘 개발에 착수했다. "처음엔 일일이 코디 세트를 짜줬는데, 그렇게 하면 하나 만드는 데 40분이 걸립니다. 그 방식을 유지하면 비즈니스 규모를 키울 수 없었죠. 의류학과 출신과 컴퓨터과 학과가 머리를 맞대고 말 그대로 자기 자신을 갈아 넣어가며 코디 세트 알고리즘을 구축했습니다."

"마네킹이 입은 옷들 그대로 주세요." 비대면으로 가능하게

—

2022년 1월, 댄블 오픈 베타 서비스를 출시했다. 처음 가입하면 '스타일 퀴즈'를 진행한다. 여러 가지 스타일을 보여줘서 좋아하는 것과 싫어하는 것을 선택하게 해서 선호도를 파악한다. 그 후 키와 몸무게, 체형, 평소 입는 사이즈 등의 정보를 받는다. 이용자에게 적합한 스타일을 추천하기 위해서 직업 정보도 묻는다. "2~3분 남짓한 시간을 투자해서 정보를 기재하면, 월에 한 번 맞춤형 코디 세트 4개를 받을 수 있습니다. 색상과 사이즈까지 골라주니 보고 구매하는 데 5분밖에 안 걸려요." 서비스 페이지 내에서 모든 결제 수단으로 결제할 수 있다. 아직 웹으로만 이용 가능하지만 앱 서비스도 출시할 계획이다.

2022년 2월 500명에 불과했던 활성 이용자 수가 같은 해 6월 기준 2만 5천 명까지 늘어났다. 사이즈 추천 정확도는 88%, 이용자의 재구매율은 70%에 달한다. 코디 세트를 제공하다 보니 평균 객단가는 30만 원 수준으로 높은 편이다. "백화점에서 '마네킹이 입은 그대로 주세요'라고 하는 것과 유사한 소비 패턴이라고 보면 됩니다. 기존의 탐색형 커머스와는 달리 저희는 경로를 명확히 제시하는 게 강점이에요. 이용자 후기도 재미있어요. 저희가 추천해준 대로 입고 여자친구가 생겼다는 분도 있었어요. 이용자의 실제 삶에 긍정적인 영향을 미친 것 같아 뿌듯했죠."

'가장 체류시간이 짧은 커머스 플랫폼'이 되는 게 목표다. "다른 커머스에서는 긴 체류시간을 중시하지만 저희는 정반대에요. 디자인, 사이즈를 제대로 골라줄 테니 한 달에 한 번, 단 몇 분만 투자하라는 게 저희의 모토죠. 현재 5분인 이용자의 체류시간을 3분으로 줄이는 데 주력하고 있어요. 시간을 단축하려면 알고리즘 정확도를 높여야 하죠. 요즘 향수 추천을 해달라는 분들도 많은데요. 패션뿐만 아니라 뷰티까지 분야를 확장해 그루밍 영역 전반을 아우를 구상입니다. 남성분들이 주체적으로 의생활을 하고, 이를 통해 자아실현을 할 수 있는 디딤돌 같은 서비스가 되고 싶어요. 열심히 살아온 자신을 위한 선물 같은 5분, 아니 3분을 주는 서비스가 되겠습니다."

서울법대, 김앤장 출신 변호사가 헬스케어 분야에 뛰어든 이유

AI 맞춤 영양관리 솔루션
알고케어 정지원 대표

"한 사람의 100시간을 아껴주는 것보다 1억 명의 10초를 아껴주는 게 의미가 더 큽니다. 1천 일 넘는 시간을 확보할 수 있는 일이니까요."

최대한 많은 사람에게 임팩트를 주고 싶다는 꿈, 대한민국 국민이라면 누구나 알 만한 대형 로펌을 다니던 한 변호사가 창업을 결심한 계기다. 창업 불모지로 불리는 디지털 헬스케어 분야에 뛰어들어 세계 최대 IT·가전 전시회인 CES에서 3년 연속으로 혁신상을 받은 헬스케어 스타트업 '알고케어'의 정지원 대표를 만났다.

80억 인구에게
각기 다른 맞춤 영양조합을

—

알고케어는 인공지능 기반의 실시간 맞춤 통합 영양관리 솔루션 '나스(NaaS, Nutrition-as-a-Service)'의 개발사다. 나스는 전체 솔루션을 관장하는 헬스케어 인공지능 '알고케어 AI', 카트리지로 구현된 IoT 영양제 디스펜서(정량 공급기) '알고케어 뉴트리션 엔진', 개인 맞춤 구현을 위해 초소형으로 제작한 영양제 '알고케어 뉴트리션 보틀', 가전 관리 및 건강 추적을 위한 모바일 앱 '알고케어 앱' 등 총 4개의 축으로 이루어져 있다.

여러 가지가 결합되어 복잡하게 보일 수 있지만 이용법은 아주 간단하고 직관적이다. 우선 최초 가입 단계에서 국가기관인 의료보험공단, 건강보험심사평가에 저장된 사용자의 평소 의료데이터, 약물 복용데이터 등을 수집한다. 사용자 동의에 따라 모바일 헬스 앱의 운동데이터와 생활 정보를 추가 결합한다. 이때 취합한 정보로 알고케어 AI는 사용자의 기본 영양성분 필요량(PD, Personal Dose)을 도출한다.

캡슐커피와 유사한 형태의 알고케어 뉴트리션 엔진은 이 정보를 담은 인공지능과 실시간으로 소통한다. 사용자가 영양제 섭취 전에 가전에 스트레스, 피로, 음주 등 현재의 몸 상태를 선택하면 5초 이내로 수십 개의 초소형 정제를 배합해 그날에 필요한 영양조합을 제공한다. 사용자는 조합된 영양조합을 섭취만 하면 된다.

▲ 알고케어 정지원 대표

　새로운 개념의 솔루션인 만큼 3년 이상의 개발 과정을 거쳤다. 덕분에 알고케어의 나스는 일반 성인이 필요로 하는 영양성분량을 모두 만족하면서도 식품 규제 등에 저촉되지 않는 형태의 실시간 영양관리 솔루션으로 발전할 수 있었다. 특히 디스펜서에는 탈착 가능한 카트리지 형태를 적용해 위생과 사용성, 영양성분 확장 가능성까지 잡았다는 평가다.

　기술의 혁신성뿐만 아니라 편리함을 끌어올린 덕에 CES 혁신상을 3년 연속 수상했다. 알고케어는 하나의 가전으로 많은 사람의 영양 건강을 책임진다는 기업의 이념을 제시할 방안으로 '알고케어 앳 워크'라는 B2B 형태의 오피스 영양관리 솔루션을 우선 출시했다. 서비스 정식 출시 전부터 금융, 무역, IT 스타트업 분야를 포함한 국내 주요 굴지 기업들로부터 러브콜이 쇄도했다.

국내 최대 로펌을 그만두고
창업 불모지에 뛰어들다

—

정 대표는 탄탄대로만 걸어온 엘리트 출신이다. 서울법대와 동대학 로스쿨을 나와 국내 최고 로펌인 김앤장에서 4년간 변호사로 일했다. 겉보기에는 완벽한 삶을 살아온 것 같은 그도 나름의 고충이 있었다. "변호사가 되면 진취적으로 살 수 있을 것 같았습니다. 하지만 막상 해보니 정말 적성에 맞는 일인지 확신이 서지 않았습니다." 오히려 적성이 존재하긴 하는 건가 의심만 들었다고 한다.

변호사로서 기업 의뢰를 받아 규제대응 업무를 맡으면서 창업에 호기심을 느꼈다. "규제 변화에 따라 사업 기회가 생겼다가 사라지는 걸 매일같이 지켜봤습니다. 문제는 실행이었습니다. 아이디어 수준에서 방치되고 있는 기회가 있는가 하면, 그 기회를 잘 잡아 큰 사업가로 성장하는 경우도 있었습니다." 결국 무엇이든 실행하지 않으면 머릿속 아이디어는 아무것도 아닌 게 되고, 어떻게든 실행을 해야 사람들에게 영향을 미칠 수 있다는 것을 깨닫게 되었다. 이 깨달음은 창업 동력으로 작용한다.

2018년 5월, 4년간 다닌 로펌을 관두고 창업에 도전했다. "우선 핀테크 스타트업을 창업해 경험을 쌓았고요. 그 경험을 활용해 원하던 진짜 창업을 하기로 했습니다. 사람의 역량에 한계란 없다고 믿지만, 유일하게 한계가 있는 영역이 시간과 에너지인데요. 이 두 가지를 효율적으로 쓸 수 있게 하는 무언가를 만들기로 했습니다."

인류의 절대 자원인 시간과 에너지 절감을 목표로 헬스케어 산업, 그중에서 가장 일상적으로 접할 수 있는 영양제 시장에 주목했다. "평소 헬스케어 산업에 관심이 많았습니다. 헬스케어가 미래에 큰 영향을 미칠 산업이라는 사실은 자명하고요. 개인적으로는 한 아이의 엄마라 건강관리에 각별히 신경 쓰는 편입니다."

사람은 건강을 위해 통상 두 가지 선택을 한다. 운동과 영양제를 챙기는 것이다. "운동 방식은 50년 전과 지금이 많이 달라졌습니다. 혁신과 발전이 이뤄진 거죠. 하지만 영양제를 먹는 방식은 그렇지 않습니다. 50년 전과 지금이 크게 달라진 게 없습니다. 다양한 영양제를 일일이 골라서, 잊지 않고 챙겨 먹어야 합니다. 무척 귀찮죠." 이 시장을 혁신하면 큰 임팩트를 줄 수 있겠다고 생각했다.

스타트업계의
어벤져스 구성

—

'영양제를 찾고 구매하는 데 소요되는 시간과 에너지를 줄여 이용자의 삶의 질을 높여줄 서비스'란 목표를 수립하고 알고케어를 설립했다. 알고케어라는 사명은 '알고리즘에 기반한 관리', 이용자의 상태를 '알고' 케어해준다는 중의적 의미를 담고 있다.

창업 후 좋은 인재를 영입하는 데 가장 힘썼다. 친구, 선후배, 스타트업 대표, VC 등 확보한 인맥을 총동원해 우수한 인재를 소개받고, '뜻이 맞겠다' 싶으면 끊임없이 찾아가서 설득했다. "SNS나 검색을 통해 통찰력 있고 생각이 통하는 글을 쓴 분에게 콜드 메일로 채용 제안을 한 적도 있어요. 첫 연락부터 합류까지 3개월 걸린 팀원도 있습니다."

열과 성을 다해 모은 알고케어 팀. 구성원이 많지는 않지만 이력만 놓고 보면 어벤져스급이다. "서울대 법학과, 의학과, 기계공학과, 약학과, 카이스트 전산학과 출신의 인재가 모여 있습니다. 인력이 10배 늘어나도 주저 없이 의사 결정을 할 수 있는 그릇이 큰 사람과 함께하고 싶었습니다."

4mm 미세제형 영양제로
함량 조절

—

드림팀을 꾸렸고 해결 과제도 설정했는데, '한 방의 솔루션'이 떠오르지 않았다. "스마트폰이 사람의 행동 양식을 바꿔 놓은 것처럼, 전 세계인의 영양제 복용 습관을 바꾸겠다는 목표를 만들긴 했는데요. 해결 방안이 떠오르지 않아 미친 듯이 고민했습니다. 밥 먹을 때도 그 생각만 했죠. 그러다 2개월 만에 카트리지 형태의 영양제 공급

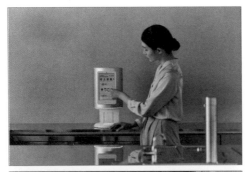

▲ 알고케어의 영양관리 솔루션 나스

기기 아이디어가 번뜩 떠올랐습니다. 그날 너무 들떠서 한숨도 못
잤어요."

남은 건 아이디어를 실재하는 대상으로 만드는 것이었다. "산재
한 데이터들로 알고리즘의 토대가 될 구조를 짜고, 가전제품을 만들
어줄 제조사들과 미팅을 했어요. 조금이라도 도움될 것 같은 사람을
발견하면 지방이라도 즉시 달려가서 도움을 청했습니다." 창업한 이
후로 하루도 쉰 날이 없다.

맞춤형 영양제를 제공하기 위해 높은 수준의 알고리즘을 구축했

다. "체중 100kg인 사람과 체중 50kg인 사람은 같은 성분이라도 먹는 양이 달라야 합니다. 사람마다 비타민 흡수율도 다르죠. 저희 알고리즘은 개인의 체표면적, 식습관, 생활습관, 보유질환, 만성질환 위험도 등에 따라 개인별로 필요한 영양성분의 종류뿐 아니라 함량까지 정밀하게 도출해줍니다."

이를 구현하기 위해 의학·약학을 전공한 연구진들이 수천 편의 논문을 분석했고, 이성주 축구 국가대표팀 주치의를 비롯한 50명 이상의 현직 의·약사의 자문을 거쳤다.

핵심은 각 영양제의 '함량 조절'이다. "함량 조절을 위해서 구슬 아이스크림 모양의 직경 4mm의 미세제형 영양제를 직접 개발했습니다. 몸 상태에 따라 각 영양제의 함량 개수가 달라집니다. 이 영양제를 만들어줄 곳을 찾느라 애먹었습니다. 영양제 회사만 수십 군데 만났고, 못하겠다고 퇴짜 맞으면 왜 안 되냐고 끈질기게 물어서 원인을 파악했어요."

효율성도 따졌다. 개인의 몸 상태에 맞는 영양제를 제공하지만 기기 하나를 여러 명이 사용할 수 있도록 했다. "하나의 기기로 여러 사람의 건강을 관리할 수 있습니다. 이용자가 각자 앱을 깔면 기기가 구분해서 정보를 수집한 뒤, 구성원별로 각자 다른 영양제를 만들어줍니다."

3년 연속 CES 혁신상,
영양제 분야의 아이폰 될 것

—

현재 기업을 대상으로 하는 B2B 영양관리 솔루션 서비스 알고케어 앳 워크를 제공 중이다. 가정용 서비스도 출시를 앞두고 있다. 완제품이 나오기 전부터 무서운 존재감을 뿜냈다. 은행권청년창업재단(디캠프), 서울시, 신용보증기금 등이 주최한 창업경진대회에서 수상하며 성장 가능성을 인정받았다. 해외에서도 큰 주목을 받았다. 2021년부터 3년 연속 세계 최대 IT·가전 전시회 'CES 2021'에서 헬스 및 웰니스(Health&Wellness) 분야 혁신상을 받았다.

선망의 대상인 법조인 타이틀을 내려놓은 걸 후회한 적은 단언컨대 없다. "이제 '적성이란 게 있는 걸까' 하는 의심은 더 이상 하지 않습니다. 적성에 맞는 일을 하니 너무 재미있습니다. 새로운 걸 만들고, 제가 내린 결정에 따라 그림이 달라지는 과정이 무척 즐거워요. 예전으로 돌아가고 싶다고 생각한 적은 단 한 번도 없습니다. 오히려 이러다 평생 이 일만 해야 하나, 다른 재미있는 것은 못 해보는 건 아닐지 걱정입니다."

고난도 많았다. "처음 IoT 헬스케어 솔루션을 제안했을 때 말리는 사람이 많았어요. '미국 애들이 얼마나 빠른데, 안 될 걸 아니까 지금까지 안 했을 것'이란 소리까지 들었죠. 그런데 작동하는 시제품을 만들어냈어요. 그 프로토타입으로 미국의 인정도 받았습니다. 다들 안 된다고 하는 것을 되는 것으로 바꾸었고 머리로만 구상했던 것을 실현하니 이루 말할 수 없이 기쁩니다."

영양제 분야에서 큰 임팩트를 주는 회사가 되는 게 목표다. "현재의 영양제 산업은 제조와 판매 중심인데, 저희가 이 시장을 ICT가 융합된 서비스업으로 혁신하고 싶습니다. 매일매일 상호작용을 통해 건강 상태를 관리함으로써, 영양제 섭취 습관을 바꾸고 이용자의 시간과 에너지를 아껴줄 수 있는 서비스가 꼭 되겠습니다."

...

숏폼 프로덕션에서 크리에이터 아카데미까지 '뉴즈' 김가현 대표

P2P 금융 서비스 '8퍼센트' 이효진 대표

글로벌 공급망 금융 플랫폼 '핀투비' 박상순 대표

웹 하이라이팅 서비스·정보 큐레이션 플랫폼 라이너 운영사 '아우름플래닛' 우찬민 대표

글루텐 프리 쌀 베이커리 '달롤컴퍼니' 박기범 대표

CHAPTER **4**

사각지대에 파고든 결과 탄생한 아이디어

요즘 10대가
뉴스를 보는 법

숏폼 프로덕션에서 크리에이터 아카데미까지
뉴즈 김가현 대표

"산티아고 순례길을 걷던 중 폭설에 갇힌 적이 있어요. 현장에 설치된 지도는 눈에 가려졌고 휴대폰은 먹통이었죠. 두려움이 닥쳐온 순간, 저보다 앞서간 사람이 눈 위에 새긴 화살표를 발견했어요. 그때 결심했어요. 혼란스러운 세상에 이정표를 제시하는 사람이 되겠다고요."

'화살표' 같은 사람이 되기로 했다. 아나운서 시절 난민이나 야생 동물 같은 사회의 사각지대를 보도했고, 무턱대고 가상화폐에 투자하는 친구들이 안타까워 블록체인 전문 기자로 활동했다. 현재는 숏폼 플랫폼 틱톡에서 IT 정보를 쉽게 풀어 설명하는 콘텐츠를 공유한다. 론칭 1년 만에 총 조회 수 10억 회를 달성했다. 다음 화살표는 어디를 향하고 있을까. '틱톡 선생님' 뉴즈의 김가현 대표를 만났다.

틱톡 콘텐츠는 자극적이라는
편견 깬 스타트업

—

뉴즈(NEWZ)는 뉴미디어 스타트업이다. 숏폼 플랫폼 틱톡을 중심으로 교육 콘텐츠를 제공하고 있다. 인공지능, 블록체인 같은 어려운 용어를 쉽고 직관적으로 설명하는 콘텐츠로 Z세대(1990년대 중반에서 2000년대 초반 출생자를 일컫는 말)의 휴대폰 속 선생님으로 등극했다. 팔로워는 19만 명에 달한다.

콘텐츠의 성공을 토대로 크리에이터 양성 사업에 뛰어들었다. 현재 틱톡 공식 1호 숏폼 교육 MCN(다중채널네트워크) '메이저스'를 운영하고 있다. 방송인이나 유명 지식인뿐만 아니라 청담동 헤어 디자이너, 의사 등 각 분야의 전문가가 크리에이터로 성장할 수 있도록 돕는다. 크리에이터를 발판으로 브랜디드 콘텐츠나 IP(지적재산권)

◀ 틱톡에서의 뉴즈

156

활용 비즈니스까지 펼치는 중이다.

뉴즈는 2021년 과학기술정보통신부가 주관하는 '클린콘텐츠 캠페인 공모전'에서 대상과 장관상을 받았다. 선정적인 콘텐츠가 많은 숏폼 플랫폼에서 건전한 정보성 콘텐츠로 주목받을 수 있다는 점을 보여준 것이다.

3등급 받던 고등학생에서
외신이 인용하는 기자로

—

마음먹은 것은 꼭 해내는 투지가 있었다. "고등학교 1학년 때만 해도 3~5등급 받던 평범한 학생이었어요. 어느 날부터 연세대가 너무 가고 싶은 거예요. 친구들과 선생님은 '네가 어떻게 거길 가냐'는 반응이었는데 기어코 해냈죠." 연세대학교 신학과에 입학한 후에는 버킷 리스트를 하나씩 실현해나갔다. "음치지만 밴드부 보컬로 축제 무대에 섰고, 연기를 못 하지만 연극 동아리에서 활동했어요. 재주가 없어도 하고 싶으면 일단 도전해야 직성에 풀렸거든요."

대치동에서 신촌까지, 기나긴 등하굣길은 언론인이라는 꿈의 토양이 되었다. "학교를 오가는 대중교통에서 종이신문을 읽었는데요. 이 습관이 점점 '시사를 현장에서 전하는 사람이 되고 싶다'는 열망으로 번졌어요." 전남 CBS 아나운서를 시작으로 KBS 〈우리말 겨루기〉 연출, IT 매체 〈블록인프레스〉 기자 등 언론 분야에서 경력을 쌓았다.

언론인은 그의 천직과 같았다. "학창 시절부터 앞장서서 올바른 정보를 전달해야 한다는 사명을 지니고 있었어요. 2018년에 주변 친구들이 말도 안 되는 이유로 가상화폐에 투자하는 모습을 봤어요. 제대로 된 정보를 전달하려 블록체인 미디어에 입사했어요. 제 전략은 '전문가의 입'을 빌리는 것이었습니다." 바이낸스 창업자 자오창펑, 링크드인 공동 창업자 에릭 라이, 테크크런치 공동 창업자 마이클 애링턴 등 블록체인, IT 분야를 대표하는 인물을 단독 인터뷰했다. 미국의 유명한 암호화폐 전문 미디어인 〈코인텔레그래프〉에서 그의 기사를 인용할 정도였다. 2019년 블록체인 업계에서 선정한 최고의 기자상을 받았다.

케이팝의 제왕보다
높은 조회 수 찍은 콘텐츠의 비결

—

탄탄하게 커리어를 쌓아 나갔지만 해소되지 않는 아쉬움이 있었다. "IT 기사 독자 대부분이 3050 남성에 국한됐습니다. 아쉬웠어요. 이 분야에 정통하면 좋은 기회를 빨리 잡을 수 있는데, 많은 분이 기회를 놓치고 있는 거잖아요."

텍스트로 어려운 테크(Tech) 정보를 전하는 데는 한계가 있었다. "저만 해도 '블록체인', '인공지능' 같은 단어가 헤드라인에 걸려 있으면 재미없을 것 같아요. 이런 단어가 주는 위압감이 진입장벽 역할을 하거든요." 영상으로 눈을 돌렸다. 유튜브 콘텐츠를 만들 여력은 안 될 것 같아 망설이니 틱톡 크리에이터로 활동하는 친구가 제안했다. "숏폼 플랫폼에서 부담 갖지 말고 한번 시도나 해봐."

친구의 조언은 뜻밖의 가능성으로 이어졌다. "첫 영상으로 블록체인을 쉽게 설명하는 콘텐츠를 올렸어요. 올리자마자 조회 수 1만 건을 기록했어요. 그다음에 업로드한 'SNS에서 프라이버시 지키는 꿀팁'은 그야말로 대박이 났어요. 순식간에 틱톡 주간 조회 수 톱 4위로 올랐죠." 5위는 유명 가수이자 프로듀서 박진영 씨 계정에 올라간 콘텐츠였다. 이때 숏폼을 '춤추고 노래하는 콘텐츠 위주의 플랫폼'으로 여겼던 생각에 균열이 갔다. IT 정보 콘텐츠가 케이팝의 제왕보다 더 많은 관심을 받았기 때문이다.

그를 더욱 놀라게 한 건 시청자들의 반응이었다. "'전혀 몰랐는데 알려줘서 고마워요' 이런 내용의 댓글이 5천 개 이상 달렸어요. 틱톡의 주요 이용자인 Z세대가 결코 IT, 테크 소식에 관심이 없는 게 아니었어요. 그보다는 이 친구들의 눈높이에 맞춰 맥락을 차근차근 설명하는 콘텐츠가 부재했던 것에 가까웠던 거죠."

소식이 알려지자 주변에서 먼저 창업을 권했다. "일 욕심은 많았지만 창업을 생각해본 적은 없었어요. 그런데 미래학자인 정지훈 박사님께서 법인화를 제안하셨어요. 망설이던 와중에 개인적으로 존경하는 분들이 도움의 손길을 내밀었어요. 본인 역시 유명 크리에이터인 EO 스튜디오의 김태용 대표님이 투자 의향을 밝히셨어요." 용기를 얻어 2020년 3월에 뉴즈 법인을 설립했다.

"엄마 아빠는 뉴스,
저는 뉴즈 봐요."

—

스마트폰 꿀팁 같은 생활 정보부터 메타버스, 후쿠시마 원전 오염수 등의 시사 이슈까지 다방면을 다뤘다. 기자 출신이라 취재는 어렵지 않았다. 중요한 건 메시지였다. "타깃에게 미칠 영향을 고려해서 콘텐츠를 제작했습니다. 예컨대 인공지능이 웹툰을 그릴 수 있게 됐어요. 기성 언론에선 기술의 어두운 면에 주목해 '웹툰 작가의 일자리가 사라진다'는 프레임으로 이 사안을 다룰 확률이 높아요. 뉴즈는 반대로 기술과의 공존에 방점을 둡니다. '인공지능이 그림을 그려주니 웹툰 작가는 스토리텔링에 더 신경 쓰는 게 좋겠죠?'라고 마무리하는 식이죠." 앞으로 기술과 부대끼며 살아가야 하는 다음 세대에게 겁을 줘서는 안 된다는 판단에서 나온 편집 방식이다.

선정적이고 자극적인 요소는 뺐다. 대신 쌍방향 소통이라는 틱톡의 특징을 십분 활용했다. "전문가를 초빙해서 라이브 방송을 자주 했어요. 고민 상담이 주된 주제인데요. 어떻게 내 꿈을 찾는지, 좋아하는 것을 알아가는 방법에 관해 이야기를 나눠요. '마스크 의무화' 같은 사회 이슈를 두고 찬반 투표나 토론도 진행합니다. 그날 공유한 정보를 토대로 깊이 생각하는 시간을 가질 수 있죠." 재미있는 점은 구독자들이 온라인에서 접한 정보를 저장하는 데 그치지 않고 바로 실천에 옮긴다는 사실이다. 학습 창구로서 숏폼 콘텐츠의 가능성이 돋보이는 대목이다.

▲ 뉴스 콘텐츠 촬영(왼쪽)과 기자 시절 바이낸스 창업자를 인터뷰하는 모습(오른쪽)

그렇게 뉴스는 '울타리 밖의 학교'가 되었다. 자녀의 스마트폰 시청 습관에 예민한 학부모들 사이에서도 믿고 보는 뉴스로 자리매김했다. "크리에이터에 대한 어린 세대의 애착은 남다릅니다. 포털 검색을 통해 회사 주소를 찾아내서 선물을 보내온 구독자들이 많아요. 처음엔 깜짝 놀랐어요. 편지를 써준 아이도 있었어요. 그 친구들의 시선에서 가장 좋은 것을 내주는 거죠. 너무 고마웠어요."

숏폼은 일시적 신드롬이 아니라
차세대 매스미디어

—

뉴스를 만난 어린 구독자들의 호기심은 증폭되었다. 경제, 금융, 사회 등의 이슈를 다뤄달라는 댓글이 쏟아졌다. 기자 시절 부지런히 쌓은 전문가 네트워크가 떠올랐다. 각 분야 전문가들을 크리에이터로 양성하면 제2, 제3의 뉴즈가 탄생할 수 있을 거라고 판단했다. 2021년 1월, 숏폼 교육 전문 MCN 메이저스 네트워크를 론칭했다.

지난 1년간 장동선 뇌과학자, 정지훈 미래학자, 오상진 아나운서 등의 유명인을 포함한 300명의 크리에이터를 양성했다. 소속 크리에이터들의 총 팔로워는 770만 명에 달한다. "자신의 영역에서 선두를 달리는 대체 불가능한 인물 위주로 선발했습니다. 모두 바쁜 시간을 쪼개서라도 미래 세대에게 인사이트를 주겠다는 강한 책임 의식을 지닌 분들이죠."

숏폼과 전문가 집단의 만남은 국내외 유수의 기업과 기관의 관심을 한 몸에 받았다. "LG 등 국내 대기업은 물론이고 페덱스, 유니버설뮤직, 소니픽쳐스 같은 글로벌 기업과 협력했습니다. 세계적인 온라인 공개 수업 플랫폼인 코세라와도 브랜디드 콘텐츠를 만들었죠." 숏폼에는 국경이 없다. 뉴즈의 사무실이 해외에 있지 않아도 해외 광고주를 유치할 수 있는 비결이다.

단 1분이 기회의 차이를
만들 수도 있다

—

1분짜리 영상의 교육 효과를 회의적으로 보는 시각에 대해서는 할 말이 많다. "1분은 결코 짧지 않은 시간입니다. 아나운서 시절에도 짧은 뉴스 한 꼭지에 30~40초를 할애했어요. 중요한 건 길이가 아

니라 포맷이죠. 무엇보다 이렇게라도 정보를 전하지 않으면 아이들
은 기술 소식에 관심을 가지지 않습니다. 뉴즈는 관문 역할을 해요.
7살 팬이 '뉴럴링크가 뭔진 모르지만 뉴즈 언니 나오니까 보겠다'라
는 댓글을 단 적이 있어요. 뉴럴링크라는 단어를 접해본 아이는 훗
날 그렇지 않은 아이와 기회에서 차이가 생기지 않을까요. 기술에
관한 관심을 환기시키는 것만으로도 고무적이라고 생각합니다."

뉴즈는 미디어계의 '북극성'을 꿈꾼다. "친구에게 '너는 내게 북극
성 같은 존재야'라는 메시지를 받은 적이 있어요. 아나운서, PD, 기
자에서 스타트업 대표까지 거친 변종의 삶이 누군가에게 귀감이 된
것 같아 기뻤어요. 미래 세대가 정보에서 소외되지 않도록 정보의
대중화를 이끄는 게 저희의 비전입니다."

연 20% 대출이자라니!
포항공대 출신 은행원이 벌인 일

P2P 금융 서비스
8퍼센트 이효진 대표

자금이 급한 이에게 대출은 오아시스와 같다. 하지만 대출이자가 너무 높은 '배보다 배꼽이 더 큰' 상황이 지속된다면, 대출은 족쇄가 된다. 제1금융권 문턱을 넘지 못한 이들은 이자가 두 자릿수인 저축은행, 캐피탈, 카드론 등 제2금융권 문을 두드리거나 사채를 써야 하는데, 최악의 경우 대출 돌려막기에 허덕이게 될 수도 있다.

신용에 따라 대출금리차가 극과 극인 '금리 절벽' 현상을 해소하기 위해 나선 스타트업이 있다. 국내 최초로 '중금리 대출'을 시작한 핀테크 기업 8퍼센트다. 제1금융권 은행원 출신인 이효진 대표를 만나 중신용자에게 주목한 이유를 물었다.

국내 최초로 중금리 대출 시작한
P2P 금융 서비스
—

8퍼센트는 자금이 필요한 개인이나 사업자를 다수의 투자자와 바로 연결하는 P2P 금융(Peer to Peer Lending, 개인 간 금융) 서비스를 제공한다. 온라인으로만 거래해 운영비, 인건비, 임대료 등을 아낀 만큼 대출이자를 낮췄다. 투자자들에게는 연평균 8~10% 내외의 수익 제공을 목표로 한다.

2021년에는 「온라인투자연계금융법(온투법)」상 등록요건을 갖춘 온라인투자연계금융업자로 최초 등록했다. P2P 금융 업계에서 처음으로 제도권에 편입된 것이다. 투자자 입장에서는 금융당국에 정식으로 등록된 8퍼센트 같은 플랫폼을 통해 더 안심하고 투자할 수 있게 되었다.

은행을 퇴사한 포항공대생이
창업을 결심한 이유
—

이 대표는 스스로 '수학을 전공한 수학포기자'라고 소개했다. 포항공대에서 수학을 전공했다. "수학은 아름답고 멋진 학문입니다. 그 매력에 빠져 전공으로 택했는데, 막상 공부해보니 이 분야에서 두각을 나타내는 친구들이 너무 많더라고요." 한때 수학자라는 꿈을 품었지

▲ 8퍼센트 이효진 대표

만 아무리 봐도 자신의 길이 아니었다.

졸업 후 바로 우리은행에 취업했다. "제가 취업했던 2006년엔 금융공학이 각광받고 있었습니다. 수학 전공자들이 금융 업계로 많이 진출한 덕에 어렵지 않게 은행에서 사회생활을 시작할 수 있었죠." 2년 정도 창구에서 고객 상담 일을 하다가 본점으로 넘어가 트레이딩, 리스크 모델링 업무 등을 했다.

여느 대기업 직장인과 다를 바 없는 삶을 살았다. 하지만 '삶의 의미'를 자문하게 되는 상황에 부딪혔다. "가까운 가족의 상을 치른 후 '삶이란 무엇일까' 생각해봤어요. 은행원으로 시작해 임원까지 되었다가 퇴직하는 최상의 시나리오를 떠올렸는데도 '이렇게 살다 떠나면 후회한 것 같다'는 생각이 들었어요. 안정이 보장된 삶이 아니더라도 인생을 걸고 뛰어들 만한 일을 하고 싶었죠." 의미 있는 일을 찾아보자고 결심하고 2014년 5월에 회사를 관뒀다.

당장 새 일에 뛰어들 생각은 없었다. 하지만 오랜만에 만난 지인의 말에서 창업의 단서를 얻었다. "'해외에서 P2P 대출 비즈니스가 각광받고 있다'는 친구의 말이 단초가 됐어요. 친구가 스치듯 한 말에 밤새 포털 사이트를 검색했습니다. 여러 정보를 접하다 보니 은행원 시절 만난 고객들이 떠올랐어요. 대기업에 재직 중인데도 개인 사정으로 제1금융권의 문턱을 넘지 못해 금리가 20%나 되는 대출 상품을 쓰는 분이었죠. 사회 초년생 때 중고차를 사기 위해 연이자 18%짜리 금융 상품을 쓰는 친구도 있었어요." 대출 시장에는 말 그대로 '중간'이 없었다.

금리 격차가 큰 이유를 분석했다. "저금리를 제공하는 1금융권 입장에서는 위험을 감당하는 게 부담스러워요. 저축은행이나 캐피탈, 대부업체는 영업비용, 광고비 등에서 발생하는 유통 수수료가 높은 편이라 대출금리가 높을 수밖에 없죠." 투자자와 대출 수요자를 바로 연결한다면 점포 임대료, 인건비 등의 구조적 비용을 아껴서 대출금리를 낮출 수 있겠다는 생각이 들었다.

사업 초기 사이트 폐쇄,
위기 딛고 활개

—

저금리도 고금리도 아닌 '중금리 시장'을 개척하자고 결심했다. 2014년 11월, 8퍼센트를 설립했다. 시작은 소소했다. "낯선 사람에게 온라인을 통해서 돈을 빌려준다는 게 아주 생소한 개념이잖아요. 빌려준 돈이 떼이지 않을까 걱정도 될 테고요. 그래서 처음엔 힘을 빼고 시작했어요."

간결한 홈페이지를 만든 후 SNS에 홍보 글을 올리고 지인들에게 공유해달라고 부탁했다. "첫 상품은 중신용자를 겨냥한 한도 500만 원, 금리 8%의 개인신용대출 상품이었어요. 당시 자동화 프로세스가 없어서 투자자와 대출 신청자를 일일이 직접 매칭했습니다." 이후 비슷한 규모의 상품을 일주일에 하나씩 올리며 몸집을 키웠다.

생소한 비즈니스인 만큼 어려움도 많았다. "베타 서비스 시절 불법 사이트로 오인받고 2015년 2월에 사이트가 폐쇄당한 적이 있어요. 누군가가 금융당국에 불법 사금융이라고 신고했더라고요. 무통보 차단이라 '아, 이대로는 사업 못 하겠다' 싶었어요."

위기가 기회였다. "금융감독원 산하의 핀테크지원센터의 도움을 받아 사업 구조를 정비했습니다. 한 달 만에 서비스를 재개할 수 있었죠. 이어 중소기업청(현 중소벤처기업부)이 P2P 대출 기업에 벤처캐피털 투자가 가능해지도록 규정을 마련하면서 P2P 대출 사업이 활성화될 발판이 마련됐습니다."

▲ 8퍼센트 서비스

　재정비 시간을 거친 후 같은 해 5월, 도곡동 타워팰리스를 담보로 하는 아파트 담보 투자 상품을 출시했다. 호응을 얻었다. 주요 고객은 신용 4~7등급의 중신용자였다. "1금융에서는 대출이 안 되고 2금융을 쓰기엔 부담스러워하는 사람들이 주요 이용자입니다. 은행 다음의 금융, '1.5금융'이라고 볼 수 있죠." 8퍼센트 홈페이지에서 대출을 신청하면 1분 만에 금리와 한도, 대출 조건 등을 확인할 수 있다. 당일 신청도 가능하다. 투자자 입장에서 8퍼센트는 중위험·중수익 재테크 상품이라고 보면 된다. 2023년 3월 기준으로 연평균 수익률은 10% 내외다. "원금 보장형 상품이 아닌 만큼 분산투자로 리스크를 관리합니다."

　지금까지 다양한 직업군에 중금리 대출 서비스를 제공했다. 재미있는 사례도 많았다. "개인 대출 건의 상당수가 이자 다이어트를 꾀하는 '대환대출(대출 갈아타기)' 이용자입니다. 금리 34% 대출을 쓰던 걸그룹 멤버가 8퍼센트를 통해 대출이자를 14%로 낮춘 사례도 있죠. 핀테크 공부를 하고 싶다며 이자 8%로 1억 원을 빌리고 완납한 현직 국회의원도 있어요."

'관계형 금융' 문화를 창출하기도 했다. "기업 고객의 대부분은 사업 확장 자금이 필요한 스타트업입니다. 공유 차량 스타트업 쏘카가 자동차 구매금으로 23억 원을 빌린 적이 있어요. 당시 투자자들에게 쏘카 이용권을 증정하는 이벤트를 진행했죠. 쏘카 입장에선 유동성을 확보하면서 마케팅 효과를 누린 거죠." 이 외에 공유 오피스 기업 패스트파이브, 숙박 이용 서비스 야놀자 등 유명 스타트업들이 8퍼센트를 통해 자금을 조달했다. "지금은 잘 자리 잡은 기업들이죠. 스타트업 생태계와 동반 성장할 수 있어 좋았습니다."

대부업 틀에서 벗어나기 위해 입법 투쟁, 「온투법」 제정 성과

—

8퍼센트가 쏘아 올린 공 덕분에 P2P 업체가 증가했다. 이 산업을 주도했다는 뿌듯함은 잠시, P2P 비즈니스를 악용하는 이들이 등장하면서 '소비자 보호'가 과제로 떠올랐다. "대출자가 없는 유령 차주를 만들어서, 투자금을 받은 뒤 잠적하는 '먹튀' 사례가 생겨났어요. 투자자 보호를 위해 P2P업에 대한 엄격한 규정과 관리가 필요했죠." 8퍼센트를 비롯한 P2P 업체들의 성장 발판이 될 신뢰 확보가 시급했다.

본격적으로 'P2P 입법 투쟁'에 들어갔다. 5년간 동종업계 창업자들과 20회 이상 국회 문턱을 넘나들며 P2P 산업 법제화의 당위를 설명했다. "등록된 P2P 업체만 이 사업을 영위할 수 있도록 하는 게 법제화 작업의 골자였어요. 입법 관계자, 시민단체 등에게 중금리 대출 산업을 육성해야 금리 절벽이 무너지면서 금융 소비자의 선택 폭이 넓어지고, 이 산업이 법의 테두리 안에 있어야 체계적인 리스크 관리와 자금 세탁 등을 방지할 수 있다고 설명했죠."

치열한 설득 끝에 2020년 「온투법」이 제정, 2021년 8월부터 시행되었다. 이제 정식 등록업체가 아니면 투자 플랫폼을 세우고 대출을 중개할 수 없다. 8퍼센트는 온투업계에서 가장 먼저 등록 절차를 마무리하고 최초 등록했다. "「온투법」은 세계 최초의 P2P 금융 전용 법률이자, 국내에서는 17년 만에 제정된 신금융업법입니다. 창업가로서 제가 하는 사업과 관련한 제도가 아예 없다가 법까지 만들어지는 일을 경험하니 뜻깊었어요." 이제 대부업이 아닌 온투업으로서 토스, 카카오뱅크, 핀다 같은 핀테크 대출 상품을 소개할 수 있다. 이후 제휴 플랫폼을 확대하는 데 주력하고 있다.

한국 고유의 '계' 문화를 기술에 접목, 금융 사다리 창출하고파

—

그동안 다양한 투자 기관의 호응을 이끌어냈다. 2015년 5월, 은행권청년창업재단(디캠프)로부터 첫 투자를 받았다. "법인을 설립한 지

6개월도 안 된 시점에 디캠프가 직접 투자한 1호 기업이 됐어요. 은행권에서 출자한 재단으로부터 투자를 받은 게 큰 도움이 됐어요. '기존의 금융권이 해결하지 못한 문제를 해결하는 스타트업'이라는 인식을 간접적으로 알리게 됐으니까요." 이후 KG이니시스, SBI인베스트먼트, 캡스톤파트너스, DSC인베스트먼트, BRV캐피탈매니지먼트 등으로부터 투자를 유치했다.

8퍼센트가 금융의 사다리를 만들었다고 자부한다. 자금이 부족한데 고금리 대출을 쓸 수밖에 없는 상황에 놓인 이들에게 새로운 대안을 제시했기 때문이다. "8퍼센트 이용자 중에서 대출 고객이었다가 투자자로 돌아온 분들이 많습니다. 지금의 대출자가 훗날의 투자자가 되는 '금융의 선순환'을 이룬 거죠."

온투업체로 재탄생한 것을 발판으로 국민끼리 상부상조하는 금융 직거래 시스템을 구축하는 것이 목표다. "당장은 중금리 대출이 필요한 분들에게 적절한 대출 상품을 공급하는 데 주력할 계획입니다. 수치적인 목표는 연간 1천억 원의 가계부채 이자를 절감하는 것이에요. 이를 실현하려면 매년 1조 원 이상의 대출을 실행해야 하죠. 아주 불가능한 일은 아니라고 생각해요. 중금리 대출 시장 규모가 100조 원이 넘으니까요. 대출자도 투자자도 모두 만족하는 서비스로 성장하고 싶습니다."

서울대 나온 똑똑이지만 창업은 완전히 달랐습니다

글로벌 공급망 금융 플랫폼
핀투비 박상순 대표

중소기업과 자영업자에게 코로나19는 가혹하다는 말로는 이루 표현할 수 없는 위기였다. 매출이 발생해도 수금까지 시차가 있어, 그기간 인건비나 임대료 등의 운영비를 감당하지 못해 '흑자도산'한기업이 적지 않았다.

금융 사각지대에 놓인 중소기업을 위한 핀테크 스타트업이 있다. 기업 간(B2B) 거래에서 발생하는 자산을 활용하는 공급망 금융 플랫폼을 운영하는 '핀투비'는 중소기업이 매출채권(제품 판매 대금을 일정 기간 후 받을 수 있는 권리)을 더 편리하게 현금화할 수 있도록 지원하는 플랫폼을 운영한다. 서울대를 나와 보스턴컨설팅그룹을 거친'엘리트' 박상순 대표를 만나 금융 소외계층을 돕는 서비스를 만들게 된 배경을 물었다.

동남아 시장 사로잡은
공급망 금융 전문 핀테크 스타트업

—

핀투비는 공급망 금융 전문 핀테크 기업이다. 공급망 금융이란 공급망 중심의 대기업과 거래하는 공급업체 및 유통업체인 중소기업들이 해당 거래에서 발생하는 매출채권, 재고자산 등과 같은 자산을 활용해 단기 자금을 조달할 수 있게 지원해주는 금융 서비스다.

핀투비는 베트남, 인도네시아, 인도와 같은 동남아시아의 현지 금융기관들을 대상으로 공급망 금융 플랫폼 서비스를 제공하고 있다. 대기업의 공급망에 참여하는 중소기업은 매출이 발생해도 납품 기일과 돈이 들어오는 시점에 차이가 생겨 유동성 문제를 겪고는 한다. 핀투비는 이러한 유동성 문제를 매출채권 담보로 해결한다. 대기업에 돈을 받을 예정이라는 매출채권을 금융사가 확인한 뒤 돈을 내주는 방식이다.

경제학자를 꿈꾼 서울대생이
컨설팅 회사를 택한 이유

—

박 대표는 한때 경제학자를 꿈꾸던 청년이었다. 서울대학교 경제학과 88학번이다. "당시만 해도 우리나라가 그리 잘살지 않았어요. 우리나라 경제발전에 기여할 수 있는 학문을 찾다가 경제학을 선택

◀ 핀투비 박상순 대표

했죠." 교수가 되기 위해 석·박사 진학과 해외 유학까지 염두에 두고 있었는데 3학년 때 어머니가 돌아가셨다. 계획을 변경해야 했다. "1995년 한 대기업 산하 경제연구소의 애널리스트로 취업했어요. 거시경제 동향을 분석하고 전망하는 일이었죠."

일은 재밌는데 허무했다. 자신의 연구 결과가 세상에 미치는 영향이 미미하다는 생각이 들었다. 1997년 전략 컨설팅 기업 보스턴컨설팅그룹(BCG)으로 적을 옮겼다. "일이 너무 재미있었어요. 담당 기업의 경영 상태를 진단하고 전략을 수립하면서 실행 결과를 바로 볼수 있어 좋았죠." 금융사를 전담한 덕에 외환위기 이후 우리나라 금융회사의 문제점들을 해결하면서 성장해나가는 과정을 바로 옆에서 지켜볼 수 있었다.

박 대표가 제안한 시스템을 고객사가 도입하고, 그 후 고객사의 경쟁사가 벤치마킹까지 할 때 이루 말할 수 없이 뿌듯했다. "은행 창구의 원스톱 서비스, 고액 자산가를 대상으로 하는 은행 증권 연계형 자산관리 서비스, 은행과 증권사의 기업 금융 통합 서비스 등 현재 금융권에서 보편적으로 자리 잡은 다수의 시스템을 제가 제안했었습니다."

미국 시카고에서 MBA 과정을 거친 후 BCG의 금융 부문 총괄파트너로 승진하면서 커리어 전성기를 맞았다. "안주할 수 있었지만 급격히 변하는 세상이 도전 의식을 자극했어요." 2010년대 들어 스마트폰이 보급되면서 세상이 크게 변했다. 금융업도 마찬가지였다. "과거에는 발전 단계가 비슷한 국가의 금융사를 총괄하는 BCG 파트너끼리 모이는 경향이 있었는데, 어느 순간부터 선진국과 후진국의 BCG 파트너가 한데 모여 디지털 혁신을 논하기 시작했습니다. 생소한 풍경이었죠."

금융의 디지털화 과정에서 선진국과 후진국 간의 차이가 가장 흥미로웠다. "선진국은 오프라인 금융 인프라가 디지털화의 발목을 잡는 상황이었어요. 업무 방식을 디지털화하면 영업점을 없애고 구조 조정을 해야 하니까요." 반면 오프라인 금융 인프라가 취약한 후진국은 디지털화로 얻을 게 많아 변화 속도가 빨랐다. 희비가 교차하는 선진국과 후진국을 보며 디지털화가 우리나라 금융 산업에 가져올 변화가 못내 궁금해졌다.

첫 번째 아이템 접고
공급망 금융 사업 시작

—

2014년 10월, 정부가 인터넷 전문은행을 도입하겠다는 정책을 발표했다. 신규 영역에 뛰어들 기회를 놓치고 싶지 않았다. 이듬해 초 인터넷 전문 은행을 추진하는 주주들의 컨소시엄인 DBK파트너스를 설립했다.

중국 알리바바 산하 인터넷 은행 마이뱅크처럼 커머스 플랫폼을 기반으로 한 인터넷 전문 은행을 설립하는 게 목표였다. "특별법이 제정돼 인터넷 은행에는 은산분리(산업자본이 금융시장을 잠식하는 것을 막기 위해 산업자본은 의결권이 있는 은행 지분을 4%까지만 보유할 수 있도록 제한) 규정이 적용되지 않을 거라고 생각했어요. 하지만 2015년 「은행법」 개정안이 국회 정무위원회 문턱을 넘기지 못했습니다. 금융기관이 인터넷 은행의 대주주가 돼야 하는 상황이 된 거죠." 눈앞에 닥친 상황이 자신의 재량 밖의 일이라는 생각이 들었다. 통제할 수 없는 영역인 것 같아 이 시도를 접기로 했다.

금융에 기술을 접목할 만한 영역이 무엇이 있을까 고민해봤다. 자금 조달에 어려움을 겪는 중소기업의 고충이 문득 떠올랐다. "BCG에서 17년간 컨설팅을 할 때, 중소기업을 공략하기 가장 어려웠습니다. 대기업보다 리스크는 높은데 채산성은 떨어지거든요." 예컨대 중소기업의 재무제표는 신뢰도가 부족해 신용평가의 잣대로는 쓰기에는 역부족이었다. 게다가 수도권에 밀집된 대기업과는 달리 중소기업은 전국 방방곡곡 흩어져 있어 중소기업을 대상으로 하는 영업은 투입 대비 아웃풋이 낮은 편에 속한다. "여러모로 중소기업이 금융에서 소외될 수밖에 없는 구조였죠."

중소기업의 신용도를 높일 방법을 찾기 위해 중소기업의 유동성 흐름을 살폈다. "대기업 브랜드의 휴대폰에 중소기업이 공급한 카메라가 들어간다고 가정해봐요. 1차벤더는 2차벤더로부터 부품을 받아 카메라를 만들죠. 그 사슬은 3차, 또는 그 이하로도 이어집니다. 공급망이 대기업, 1차벤더, 2차벤더, 3차벤더 등으로 복잡하게 구성돼 있는 거죠." 이 구조 속에서 벤더사들은 자금이 부족할 때, 대기업으로부터 추후 대금을 지급받을 것이라는 사실을 담보로 금융기관으로부터 단기 자금을 조달할 수 있다.

박 대표는 이 공급망 금융에 주목하기로 했다. "공급망 금융이란 공급자(중소 벤더사)가 아닌 구매자(대기업)의 신용으로 공급자에게 현금을 빌려주는 것입니다. 여기서 공급자가 자금 조달 수단으로 활용할 만한 대표적인 자산으로 '매출채권'을 꼽을 수 있죠."

국내 사업 철수하고
베트남 시장에 뛰어든 까닭

—

문제는 기존 체계하에서는 공급망 금융이 활성화되기 어렵다는 사실이다. "A기업이 1천 개의 협력 업체를 대상으로 매달 매출채권을

10개씩 발행할 경우, 전체 매출채권의 양은 월 1만 개에 달하게 됩니다. 이걸 일일이 수기로 관리하려면 거래 비용이 너무 많이 들어요. A기업에서 매출채권을 발행한 정보를 일일이 확인해야 하고, 해당 기업의 신용평가도 해야 하고, 복잡한 대출 서류들도 건별로 다 준비해야 하니까요." 매출채권의 소유권이 제3자에게 넘어갈 경우 이중양도 방지를 위한 법적 절차로 인해 일은 더 복잡해진다.

매출채권 처리 과정을 효율화하는 데 방점을 두기로 했다. "대기업으로부터 공급망에 얽힌 벤더사들의 정보를 받아 이를 금융기관의 대출과 효율적으로 연계하는 플랫폼을 만들기로 했어요. 이런 플랫폼이 있으면 금융기관은 대출 고객 유치 비용을 아끼면서 쉽게 대출 영업을 할 수 있죠."

2017년 '매출채권 할인 플랫폼'을 국내에 도입했다. "중소기업이 매출채권을 담보로 현금을 받을 때 통상 3.5%의 할인율이 적용됩니다. 대기업에 재화나 용역을 납품하고 40일 후 100원을 받기로 한 중소기업이 있다면, 당장 99.6원을 받는 대신 '나중에 100원 받을 권리'를 은행에 넘기는 것이죠."

플랫폼을 출시했다. 기대가 컸지만 예상과 달리 시장 반응이 미미했다. "우량 기업은 이미 은행을 통해 이런 서비스를 받을 수 있었어요. 틈새를 노리고 신용도가 약간 부족한 중견 기업으로 눈을 돌렸는데요. 이들의 협력사들을 플랫폼에 가입하게 만드는 과정이 결코 쉽지 않았어요. 유동성을 공급할 제2금융권과 제휴도 맺었는데, 너무 높은 수준의 대출금리를 요구했어요." 진퇴양난의 상황에서 탈출

◀ 핀투비 플랫폼

할 돌파구가 필요했다.

국내 정착 후 진행할 계획이었던 해외 사업을 앞당기기로 했다. "베트남으로 달려갔어요. 금융기관 관계자, 기업 관계자를 두루 만났죠. 이곳에서는 우량 대기업조차도 매출채권을 수기로 관리하더라고요. '이건 기회야, 빨리 선점하자'는 생각에 베트남 진출을 결심했습니다."

현지 규제와 법률 체계를 준수하면서 플랫폼을 개발하는 과정이 만만치 않았다. 어렵사리 2019년부터 베트남에서 매출채권 할인 서비스를 시작했다. "현지 금융기관은 기존 대출 시스템을 저희 플랫폼에 연동해 공급망 금융 서비스를 이용할 수 있습니다. 매출채권 등록과 결제, 할인 약정 및 실행의 모든 과정을 플랫폼 내에서 가능하죠."

핀투비의 매출채권 할인 서비스는 자금 조달에 어려움을 겪는 벤더들의 고민을 해결해줬다. "B마스크 제조사가 C마트와 D마트에 제품을 납품하는 상황을 가정해봅시다. C마트는 E은행과 약정했고, D마트는 F은행과 약정한 상태예요. 이 경우 B마스크 제조사가 우리 플랫폼에 접속하면 C마트와 D마트의 모든 매출채권을 조회할 수 있어요. 그중에서 가장 조건이 좋은 걸 골라서 해당 마트와 약정을 체결한 은행에 대출을 신청하면 됩니다."

주 수입원은 금융기관이 지급하는 플랫폼 이용료다. 금융기관 입장에서는 매달 서비스 이용료를 내는 조건으로 서비스 구축 비용을 줄일 수 있다. 서비스의 주요 이용자는 베트남에 있는 국내 금융기관이다. 최근에는 인도네시아와 인도까지 진출했다.

아시아를 대표하는
공급망 핀테크 기업 목표

—

한국 사회에서 선망받는 학벌과 경력을 자랑하는 그에게도 창업은 가시밭길의 연속이었다. "오랜 기간 경영 컨설팅 일을 했으니 사업도 잘할 줄 알았어요. 전혀 그렇지 않더라고요. 무에서 유를 만드는 과정도 쉽지 않은데, 해외 사업으로 인한 시간 지체까지 감내해야 했으니까요. 정말 힘들었어요."

그래도 잘 버틴 덕에 성과가 나오고 있다. 2023년 초 기준으로 플랫폼을 이용한 대출 실적이 1천억 원을 돌파했다. 성과를 발판으로 아시아 대표 공급망 금융 전문 핀테크 기업이 되는 것이 목표다. "당분간은 베트남 현지화에 집중할 생각입니다. 현지 진출한 국내 금융사뿐만 아니라 현지 금융사까지 두루 섭렵할 계획이에요. 고객사를 충분히 유치하고 나면 기업 간 결제 프로세스를 모두 관리하는 플랫폼으로 거듭나고 싶어요." 매출채권을 일종의 화폐처럼 활용하겠다는 구상이다.

아쉬움이 남았던 한국 시장에도 재도전할 계획이다. "디지털 자산화한 매출채권을 발행해서 유통하려 합니다. 블록체인을 활용해서 매출채권을 발행하면 이력 관리가 용이하거든요. 관련 특허도 냈고 금융위원회의 혁신금융샌드박스 신청도 준비 중입니다. 이를 토대로 우리나라에서 담보 상태인 매출채권 할인 시장을 활성화하고 싶어요. 자금난에 허덕이는 중소기업에게 조금이나마 힘이 되고 싶습니다."

자본금 4,200만 원 들고 실리콘밸리로 떠난 한국 청년들

웹 하이라이팅 서비스·정보 큐레이션 플랫폼 라이너 운영사
아우름플래닛 우찬민 대표

불자들은 소원 성취를 위해 108배를 올린다. 3명의 한국 청년은 글로벌 진출이라는 목표를 위해 108개의 아이템을 가지고 실리콘밸리로 떠났다. 월 최대 1천만 명이 사용하는 정보 큐레이션 플랫폼 라이너(LINER)를 개발한 스타트업 아우름플래닛 이야기다.

픽사 창업자 에드윈 캐트멀, 트위터 공동 창업자 비즈 스톤, 넷플릭스 부사장 딘 가필드 같은 유명 글로벌 리더가 라이너의 구독자다. 한국 청년들은 어떻게 해외 이용자의 마음을 사로잡았을까. 우찬민 대표를 만나 글로벌 서비스 개발기를 들었다.

정보의 호수 속에서
맑은 샘물만 떠다 주는 서비스

—

라이너는 모바일 앱과 웹 브라우저 확장 프로그램이다. 서비스는 크게 세 축으로 이루어져 있다. 첫 번째는 일종의 형광펜 기능인 '하이라이트'다. 웹 페이지나 PDF 파일 등에서 접한 텍스트, 이미지, 영상 등을 하이라이트로 수집하고, 수집한 정보들을 한데 모아서 볼 수 있다. 두 번째는 검색 보조 기능이다. 검색엔진에서 특정 검색어를 입력하면 이용자의 하이라이트 데이터를 기반으로 한 차례 거른 정보를 표시해준다. 이용자가 관심 가질 만한 정보를 먼저 추천해주기도 한다. 세 번째는 커뮤니티다. 이용자끼리 빠르게 하이라이트를 공유할 수 있다. 존경하거나 관심 가는 인물의 계정에 가서 그들의 하이라이트도 엿볼 수 있다.

영어, 한국어, 일본어, 중국어 4개 국어로 서비스 중이다. 이용자

◀ 아우름플래닛의 라이너

의 90% 이상이 해외 이용자이고, 그중 50% 이상이 미국인이다. 긴 호흡의 텍스트를 즐겨 읽는 이들이 주요 타깃이라 대학원생이나 연구자는 물론 의사, 변호사 같은 전문 직종 종사자들이 즐겨 찾는다.

해외 진출,
번역이 능사는 아니었다
—

도전과 모험이 가득한 RPG 게임을 좋아하는 아이였다. 연세대학교 진학 후 한결같이 사업가를 꿈꿨다. "언젠가 나만의 비즈니스를 하겠다는 생각을 품고 살았어요. 전역 후 복학하고 '앞으로 무엇을 해야 하나' 고민하던 중 선배가 솔깃한 제안을 했어요. 연세대·고려대 연합 창업학회에 가입하라는 권유였죠." 여러모로 삶의 전환점이 된 기회였다. 무엇보다 마음이 잘 맞는 친구를 만났다. 바로 아우름플래닛을 함께 창업한 김진우 대표였다. 그는 현재 미국 자회사인 LINER, Inc.의 대표다. "김 대표와 학회에서 만나 여러 공모전에 참여했어요. 상금을 탄 적도 있었죠. 그렇게 합을 맞춰 나갔습니다."

　2012년에 아우름플래닛을 설립하고 첫 사업에 도전했다. "첫 아이템은 미술 작가들을 위한 플랫폼이었습니다. 싸이월드의 미술 작가 버전이라고 생각하면 됩니다." 작가들이 자력으로 성장할 수 있는 발판이 되었으면 하는 마음으로 시작한 일이었는데 꽤 잘되었다. 오프라인 전시회도 진행했고 굿즈를 팔아 수익화 실현까지 했다.

이 아이디어로 아시아 100대 벤처기업에 선정되었다. 상을 받기 위해 홍콩으로 떠났다. 축하받기 위해 참석한 자리였는데, 미처 깨닫지 못했던 것을 발견했다. "수상 현장에서 각 국가의 벤처기업을 만났는데요. 이들의 매출액과 서비스 규모에 놀랐습니다. 저희가 익숙했던 숫자에 0이 한두 개 더 붙더라고요." 이들은 이용자 100만 명도 많다고 생각했는데, 해외 창업가들은 몇천만 명 단위의 이용자를 바라보고 있었다. "신선한 충격이었죠. 글로벌 시장으로 무대를 넓히기로 했어요."

기존 서비스의 로컬라이제이션(현지화)를 시도했다. 영어 버전 플랫폼을 출시한 것이다. "동시 접속자 수를 확인했는데 1명 혹은 2명에 불과하더군요. 서비스 언어를 한국어에서 영어로 번역하는 게 능사는 아니었어요." '글로벌 진출을 위해 필요한 요소는 무엇인가'를 두고 팀원들과 고민에 빠졌다. 삽부터 떠보는 접근이 필요했다. "하던 서비스를 접고, 저희가 잘하는 IT 역량을 발휘할 수 있는 영역에서 재도전하기로 했습니다."

실리콘밸리로 떠난 세 청년이
바지 주머니에서 발견한 것

—

2015년 초, 그동안 번 4,200만 원을 들고 창업 멤버 3명이서 실리콘밸리로 떠났다. 에어비앤비로 숙소를 구하고, 이케아 가구로 사무

▲ 아우름플래닛 우찬민 대표

실을 꾸몄다. 출국 전에 챙긴 108개의 아이디어를 8개로 줄인 후, 일주일에 하나씩 개발해보기로 했다. 그중 가장 시장 반응이 좋은 것을 택하기로 했다. 라이너는 그중 세 번째였다.

라이너 아이디어는 김진우 대표의 바지 주머니에서 출발했다. "김 대표는 항상 읽을거리를 찾는 활자 중독자예요. 청바지에 형광펜을 꽂고 다니며 읽은 내용에 밑줄 긋는 게 습관이죠. 인터넷에는 형광 펜 역할을 하는 툴이 없어서 아쉬웠대요. 직접 만들고 싶었지만 사소한 문제인 것 같아 사업화에 의문이 들었다고 합니다."

사소한 불편함에 보편적인 문제의식을 접목하니 큰 아이디어가 보였다. "어느 순간부터 검색엔진이 불편하게 느껴졌어요. 예컨대 '머신러닝'이라는 단어를 검색하면 20억 개의 정보가 쏟아집니다. 일일이 찾아보기엔 방대한 양이죠. 고심해서 고른 웹 페이지에서 내가 찾는 정보가 없을 확률도 높습니다." 만약 평소 중요하다고 생각하는 정보를 '온라인 형광펜'으로 하이라이팅하고, 정보를 한데 모아 볼 수 있다면. 그렇게 쌓은 이용자 데이터를 기반으로 검색엔진에서 필요한 정보만 보여준다면. '초개인화 정보 큐레이션 플랫폼' 아이디어는 그렇게 탄생했다.

글로벌 진출의 키,
습관을 관찰하라

—

중요한 대목을 표시할 '인터넷 형광펜'부터 만들기로 했다. 일주일 만에 앱을 개발한 후 시장 반응을 살폈다. "하이라이트 기능과 하이라이트한 부분을 한데 모아주는 기능만 갖춘 단순한 형태였어요. 처음엔 큰 기대를 하지 않았는데 출시하자마자 하루 만에 400건이 다운로드됐어요. 가능성을 발견했죠."

글로벌 진출을 목표로 했기 때문에 초기부터 해외 이용자들의 반응을 살폈다. "구글, 애플의 개발자들이 모여 있는 실리콘밸리의 스타벅스 같은 장소에 가서 불특정 다수에게 저희 서비스를 보여주고 사용을 권했습니다. IT 분야 종사자들이라 그런지 아주 상세하게 살펴보고 후기를 말해주더군요."

언어 못지않게 중요한 건 해외 사용자들의 읽기 습관이었다. "대중교통을 자주 이용하는 한국인들은 버스, 지하철 등에서 모바일로

▲ 라이너 서비스

긴 텍스트를 읽습니다. 하지만 땅이 넓은 미국에서는 직접 운전해서 이동하는 경우가 많기 때문에 모바일로 긴 텍스트를 접할 일이 별로 없어요. 모바일보다는 PC로 긴 글을 읽더라고요." 미국 이용자들이 PC를 하면서 사용할 수 있게 라이너의 웹 브라우저 확장 프로그램도 개발했다.

관찰과 분석을 토대로 서비스를 다듬어나갔다. "이용자들의 사용 습관을 분석했어요. 구글 검색 결과 못지않게 유튜브 제목을 하이라이팅하는 이용자가 많더군요. 유튜브로 정보를 검색하는 사람이 많아진 영향이었죠." 영상 하이라이팅 기능을 추가했다. 포맷을 확장해 이미지와 PDF 파일도 하이라이팅할 수 있도록 구현했다.

형광펜으로 출발해
지식인들의 아고라로 확장

—

하이라이팅 툴로 출발해 정보 큐레이션 플랫폼으로 영역을 확장했다. 효율적으로 정보를 수집할 수 있도록 '검색 보조 기능'을 제공하기 시작했다. "구글에서 특정 검색어를 입력하면 이용자가 그동안 밑줄 그은 내역을 분석해서 이용자가 흥미를 가질 만한 정보만 표시해줍니다. 같은 검색어를 입력해도 이용자에 따라 노출되는 정보가 다를 수밖에 없죠." 이용자가 찾는 내용에 부합하는 정보만 필터링해주는 기능도 있다. "물론 구글도 중요도에 따라서 검색 결과를 나열합니다. 라이너는 여기서 한 걸음 더 나아가 중요한 페이지만 보여주고 그중에서도 중요한 문장을 표시합니다."

사회관계망서비스(SNS) 요소도 더했다. "알 수도 있는 사람을 추천하고, 하이라이팅한 부분을 친구에게 즉각적으로 공유할 수 있어요. 메신저를 통해 웹 페이지 링크나 캡처 이미지를 주고받아야만 했던 수고를 덜어주죠." 하이라이팅한 정보들은 폴더별로 정리할 수 있다. 추후 폴더 기능에 커머스 요소까지 더할 구상이다. 일론 머스크 같은 유명 인사가 평소 하이라이팅한 내용을 비용을 지불해서 엿볼 수 있는 식이다.

"이용자의 흔적이
초개인화의 출발점입니다."

—

'개인화'를 넘어 '초개인화'를 지향한다. "구글 검색에 대한 피로도가 쌓이면서 실리콘밸리에서 새로운 검색엔진을 구축하려는 시도가 이뤄지고 있습니다. 유튜브도, 알고리즘도 완전하다고 볼 수는 없어요. 요리 콘텐츠를 보면 요리와 관련된 영상만 추천하니까 이용자가 되레 알고리즘을 이용해서 추천 내용을 전환하는 경우도 많아요. 이용자의 의도를 정확히 파악해서 필요한 정보를 실시간으로 제공하고 싶습니다."

그동안 인터넷 형광펜, 커뮤니티 등으로 라이너 세계관의 밑그림을 보여줬다면 이제는 큰 그림을 제시할 차례다. "약 5년간 누적한 하이라이팅 데이터를 토대로 초개인화 추천 모델을 개발하고 있습니다. 쉽진 않지만 다양한 시도를 하고 있어요. 궁극적인 목표는 초개인화 검색엔진을 개발하는 것입니다. 시의적절한 정보 추천과 정확한 검색, 두 마리 토끼를 잡으려 합니다. 사람들의 마음과 생각을 읽는 서비스가 되겠습니다."

"밀가루 빵보다 맛있다!" 호텔 셰프 출신의 쌀 베이커리

글루텐 프리 쌀 베이커리
달롤컴퍼니 박기범 대표

밀가루를 섭취하면 몸에 이상 반응이 생기는 글루텐(곡류에 존재하는 불용성 단백질) 불내증을 앓는 이들에게 빵은 '달콤한 독약'이다. 한 입 베어 물면 온갖 고뇌가 잊힐 정도로 맛있지만, 이내 소화불량에 시달리거나 피부 발진이 일어난다.

제빵 스타트업 달롤컴퍼니의 박기범 대표는 글루텐 불내증 환자의 구원투수를 자처한다. 박 대표를 만나 쌀 베이커리 스타트업 창업기를 들었다.

한 번도 안 먹은 사람은 있어도
한 번만 먹은 사람은 없다는 전설의 쌀롤케이크

—

달롤컴퍼니는 '글루텐 프리 베이커리'를 표방하는 푸드테크 스타트 업이다. 브랜드 '달롤'을 통해 40여 종의 빵과 디저트를 판매하고 있 다. 오로지 국내산 쌀, 해썹(HACCP) 인증을 받은 계란, 국내산 원유 로 만든 생크림으로 제품을 만든다. 김포시에 우리나라 최초의 글루 텐 프리 베이커리 전문 제조 공장도 조성했다.

 '쌀로 만든 제과류는 맛과 식감이 부족하다'는 편견을 딛고 온라 인을 중심으로 인기몰이 중이다. 대표 상품인 쌀롤케이크 '달미롤'은 출시 후 3년 동안 100만 개 이상 팔렸다. 입점 문턱이 높은 편인 마 켓컬리나 유명 편의점에서도 달롤 브랜드의 상품을 어렵지 않게 찾 아볼 수 있다. 이 외에도 차(茶) 브랜드 '포지티브'와 반려동물 디저 트 브랜드 '달미펫'을 운영하며 글루텐 프리 케이푸드의 외연을 확 장하고 있다.

호텔 셰프와 베이커리 마케터,
먹는 데 진심인 경력

—

먹는 데 진심인 아이였다. 관심사를 키워 2005년 경희대학교 조리 외식경영학과에 양식 전공으로 진학했다. 졸업 후 2010년 신세계조

◀ 달롤컴퍼니 박기범 대표

선호텔 메뉴개발팀의 셰프로 취업했다. "셰프였지만 '기획자'에 가까
웠어요. 요리뿐 아니라 디자인이나 마케팅·경영에 관심이 많았거든
요." 신상 레스토랑이라면 무조건 가서 메뉴 구성, 인테리어 등을 뜯
어보고 장사가 잘되는 비결을 연구했다. 호텔 레스토랑과 베이커리
개선 프로젝트, 해외 셰프 초청 행사 등에도 많이 참여했다.

　6년 차 셰프가 되었을 때 새로운 일에 갈증을 느꼈다. 고객 충성
도와 재방문율이 높은 특급 호텔 대신 발로 뛰어서 소비자를 유인해
야 하는 역동적인 외식 시장을 경험하고 싶었다. 2015년 SPC 마케

팅팀으로 이직했다. "자타공인 '빵돌이'라서 그런 걸까요. 일이 너무 재미있었습니다. 신상품과 프로모션 기획, 트렌드 분석이 주 업무라 삼시 세끼 빵만 먹고 살았어요. 편의점, 타 프랜차이즈 업체 등 경쟁 업체가 출시한 모든 종류의 빵을 쓸어와서 먹었으니까요." 덕분에 그가 기획한 빵 중 두 가지가 2016년 파리바게뜨 매출 톱 10 안에 들었다.

시장조사를 하던 중 한 롤케이크 브랜드가 눈에 들어왔다. "백화점 입점 업체를 조사하다가 2014년 설립된 카페형 베이커리 '달롤'을 알게 됐어요." 달롤은 크림이 듬뿍 들어간 롤케이크를 주력으로 내세운 브랜드였다. 상품에는 문제가 없었다. 아쉬운 건 브랜딩이었다. "애매한 브랜드 정체성을 바로잡고 장점을 살리면 잘될 것 같았어요. 생크림 케이크, 카스텔라, 롤케이크 같은 스테디셀러 디저트는 매출이 꾸준히 잘 나오는 편이거든요." 경험을 더 쌓고 사업할 생각이었지만, 눈앞에 기회가 주어졌을 때 시작하는 게 좋겠다고 판단했다.

고난의 연속이었던 '글루텐 프리' 인증

—

31살이었던 2017년, 틈틈이 모은 자금을 털어서 달롤을 인수했다. 배달과 식료품 신선 배송 시장이 성장하는 흐름에 맞춰 온라인 시장에서 회사를 키울 구상이었다.

온라인으로 무대를 설정하니 경쟁자가 많았다. 존재감을 뽐내기 위해 원료부터 차별화했다. "빵의 주요 재료인 밀가루를 쓰지 않기로 했어요. 글루텐 거부 반응 때문에 밀가루만 먹으면 속에 탈이 나거나 피부 트러블이 난다는 사람이 주변에 많았거든요. 글루텐이 없어 안심하고 먹을 수 있는 쌀가루로 빵을 만들기로 했어요."

국내산 쌀가루만 고집하기로 했다. "지난 30년간 국내 쌀 소비가 반토막 났어요. 식문화가 발달하면서 주식이 쌀에서 샐러드, 파스타, 국수 등으로 다양해진 결과죠. 쌀 공급과잉에 따른 보관 비용 증가, 품질 저하 같은 문제는 오롯이 국내 쌀 농가가 떠안아야 했습니다." 국내산 쌀로 가공식품을 만들어 시장을 키우면 쌀 수급 문제를 해결할 수 있을 것 같았다. "원료 공급자와 수요자가 공생해야 지속 가능한 비즈니스를 할 수 있잖아요."

밀가루를 쌀가루로 대체하는 과정에서 시장의 모순을 발견했다. 밀가루를 쓰지 않은 모든 제품이 글루텐 프리인 건 아니었던 것이다. "시중의 제빵용 쌀가루는 2~3%가량의 '활성 글루텐(밀가루 반죽에서 녹말을 제거한 밀 단백질의 복합체)'을 포함하고 있었어요. 활성 글루텐이 들어가면 베이킹이 용이하거든요. 하지만 정말 민감한 소비자들은 미량의 글루텐에도 반응해요." '100% 쌀가루 베이커리'를 표방하는 만큼 글루텐을 아예 배제한 쌀가루로 제품을 만들기로 했다.

식품의약품안전처의 글루텐 프리 인증을 받는 과정은 만만치 않다. "우리나라에서는 쌀가루 1kg당 글루텐이 20mg 미만이어야 글루텐 프리 인증을 받을 수 있어요. 다른 나라보다 까다로운 편이죠." 1년을 투자해 간신히 인증을 받았다. "인증 검사를 10번 가까이 받은 끝에 통과했어요. 인증을 위해 만든 롤케이크만 수백 개에 달하죠. 소량이라도 글루텐을 써서 그런 건 아녔어요. 작업 공간이 화근이었어요. 주변에 둔 밀가루나 조리도구에 미량 묻어 있는 밀가루조차 식별하더라고요." 그때부터 작업 환경에서 밀가루를 아예 배제했다. 밀가루를 이용한 개발과 실험도 전면 중단했다.

밀가루를 못 먹는 사람들에게
빛 같은 브랜드로 정착

—

시행착오 끝에 2018년 '글루텐 프리 쌀롤케이크'를 출시했다. 오리지널, 초코, 마차 등 총 15가지 맛으로 구성되었다. "국내산 원유로 만든 크림, 무항생제 달걀 등 좋은 재료만 썼습니다. 잘될까 반신반의했는데 소비자 반응이 폭발적이었어요. 세상에 글루텐 불내증을 앓는 사람이 이렇게 많은 줄 몰랐어요."

'밀가루를 못 먹는 사람들에게 빛과 같은 케이크'라는 후기에 자신감을 얻었다. "한 국내 대형 금융사의 임직원 선물용 빵 공급 업체 입찰에서 쟁쟁한 대기업 베이커리를 제치고 선정됐어요. '내가 택한 길이 맞구나' 생각이 든, 정말 기쁜 순간이었습니다."

쌀롤케이크의 성공을 발판으로 쌀 파운드케이크, 무농약 현미 누

▲ 달롤컴퍼니의 쌀롤케이크

룽지칩 등 신제품을 출시했다. "쌀 파운드케이크는 거문도 해풍쑥, 고흥 유자 등 지역 특산품을 접목해서 탄생했어요. 지역 농민과 공생하는 전략이죠." 무농약 현미 누룽지칩은 쌀을 먹는 새로운 방식을 고민하는 과정에서 탄생했다. "무농약 현미를 즉석으로 도정한 후 7시간 내에 누룽지화했습니다. 상온 보관이 가능하고 유통기한도 길죠."

오프라인 매장 중심으로 경력을 쌓은 사람이 온라인 사업에 적응하는 과정은 결코 쉽지 않았다. "발품이 답이었습니다. 사업 초기엔 직원이 3명뿐이라 트럭을 몰고 직접 배송을 다녔어요." 안전한 배달을 위해 배송 테스트도 수없이 거쳤다. "택배 기사님들이 택배를 막 던져도 제품이 망가지지 않도록 하는 데 신경 썼어요. 부산이나 제주도처럼 멀리 사는 친척과 지인들에게 수시로 택배를 보내면서 제품이 온전하게 문 앞에 도달하는 노하우를 쌓았죠."

사업의 키는 '관찰', 선진 시장 진출이 목표

—

4년 동안 직원 수와 매출이 정확히 10배 늘었다. 박 대표는 단기간에 성과를 낸 비결로 '관찰'을 꼽았다. "사람들의 생활양식을 관찰하기 위해 짬을 내서라도 연남동·성수동 등지의 유명 상점에 꼭 들립니다. 일종의 직업병인데, 새로운 제품이나 서비스를 직접 경험하면서 영감을 얻어요." 예컨대 1인 가구가 늘면서 소형 케이크 수요가 증가한 데 착안해 연말마다 크리스마스 롤케이크를 한정 판매한다. 매번 1만 개의 판매고를 올리는 효자 아이템으로 자리잡았다.

제품을 넘어 제조 설비까지 글로텐 프리 인증을 받았다. "경기 김포시에 글루텐 프리 베이커리 제조 공장을 지었는데요. 2022년에 미국 셀리악 협회(National Celiac Association)에서 운영하는 글루텐 프리 인증 제도인 GFFP(Gluten Free Food Program) 심사를 통과했습니다. GFFP의 표준 인증은 우리나라 식약처를 비롯한 다른 세계 인증기관들보다 엄격한 기준치를 요구하는데요. 제조 시설로서 이 인증을 받은 것은 국내 최초입니다."

전 세계적으로 글루텐 프리 현상이 확산되는 데 힘입어 글로벌 브랜드로 거듭나는 게 목표다. "몽골과 홍콩에 제품을 수출한 데 이어 미국 진출을 앞두고 있습니다. 본격적으로 선진 시장에 글루텐 프리 케이푸드를 소개하려 합니다. 국내외 소비자들에게 쌀을 맛있고 건강하게 먹는 법을 제대로 보여드리겠습니다."

...

미술품 조각 투자 플랫폼 '테사' 김형준 대표

통합 모빌리티 플랫폼 '카찹' 이원재 대표

AI 기반 애니메이션 제작 툴 개발사 '플라스크' 이준호·유재준 공동대표

협동로봇 안전성 분석 및 위험 검증 솔루션 개발사 '세이프틱스' 신헌섭 대표

초·중·고 학생 커뮤니티 오늘학교 개발사 '아테나스랩' 임효원 대표

CHAPTER 5

새 시대에 새 문법을
만들어낸 사람들

단돈 1만 원에 피카소 그림
진품을 가질 수 있습니다

미술품 조각 투자 플랫폼
테사 김형준 대표

꼭 전문 지식이 있어야 창업할 수 있는 것은 아니다. 시장의 흐름과 소비자의 필요를 간파하는 능력만으로도 사업을 시작할 수 있다. 테사의 김형준 대표는 컴퓨터공학 전공으로 석사까지 했지만, 미술품에 핀테크를 접목한 사업을 하고 있다. 갤러리보다는 컴퓨터가 편했을 그가 미술품 투자 시장에 뛰어든 이유를 들었다.

단돈 1만 원으로 데이비드 호크니의
그림을 살 수 있는 투자 플랫폼
—

미술품 투자는 드라마 속 사모님들이나 하는 '그들만의 리그'란 인식이 강하다. 가격이 비쌀뿐더러 쉽게 접근하기 어려운 경매장에서 주로 거래가 이루어지기 때문이다. 엄청난 심미안을 갖춰야 본전이라도 찾을 것 같다는 부담감도 있다.

테사는 이런 편견을 깨고, 미술 작품의 투자 계약 증권을 살 수 있는 미술 투자 플랫폼이다. 고가의 예술 작품에 대한 소유권을 쪼개서 판다. 높은 가격 때문에 예술품 투자를 꺼렸던 일반 투자자도 단돈 1만 원이면 미술품에 투자할 수 있다. 테사에 올라오는 작품은 장미셸 바스키아, 데이비드 호크니 등 대중도 익히 아는 작가의 것이다.

국내 최초로 블록체인 기술을 적용한 미술 투자 서비스가 등장했다는 소식에 미술계뿐만 아니라 정보통신 업계, 금융권까지 테사에 주목했다. 새로운 것에 민감한 얼리어답터 사이에 소문이 나면서, 2023년 초 기준으로 총 13만 명이 넘는 회원을 보유하고 있다.

대기업 떠나
이스라엘 거쳐 창업 도전

—

미술과 거리가 먼 공학도였다. 컴퓨터공학을 전공해 분산컴퓨팅으로 석사 학위 취득 후 사회생활을 시작했다. SK에 공채로 입사해 휴대폰 소프트웨어를 개발하다가 삼성네트웍스(현 SDS)로 옮겨 신규 사업팀에서 사업기획 업무를 담당했다.

업무차 해외 출장을 자주 다니면서 창업에 대한 불씨가 살아났다. "창업이 꿈이었습니다. 석사 논문 맨 뒷장에 제 꿈에 대해 쓸 정도로 사업에 원래 관심이 많았습니다. 그러다 출장에서 해외 파트너들과 어울리면서 창업 DNA가 꿈틀대는 것을 느꼈습니다."

마침 O2O 사업을 하는 이스라엘 스타트업으로부터 영입 제안을 받았다. 좋은 기회라고 생각해 이스라엘 텔아비브로 건너가 일했다. "텔아비브 생활이 5년 가까이 되자, 이제 내 일을 할 때란 생각이 들었어요. 2012년 야심 차게 첫 번째 창업을 했습니다." 결과는 쓰라린 실패였다. "중국에서 모바일 광고 서비스를 하는 회사를 차렸습니다. 광고를 본 사람에게 로또 번호를 주고, 추첨해서 그 주의 승자에게 상금을 주는 서비스였죠. 투자비가 필요한 사업이었는데, 중국인이 아니란 이유로 투자 유치에 실패했습니다. 결국 회사 문을 닫았고, 그때까지 들어간 돈만 날렸습니다."

전화위복의 기회는 곧 찾아왔다. 일하면서 쌓은 인맥 덕이었다. "상하이에서 알게 된 지인과 함께 신진 작가의 미술품을 일반인에 판매하는 회사를 창업했습니다." 공동 창업자는 프랑스에서 큐레이터로 활동한 미술 전문가였다. "저는 미술 문외한이었는데, 전문가와 함께 회사를 운영하면서 미술 시장의 특성을 많이 알았습니다."

지속 성장을 고민하다가
창업을 마음먹다

—

회사 운영이 5년 차로 접어들자 사업에 한계가 보이기 시작했다.

"신진 작가의 작품 거래에 참여하려면 작품의 미래 가치를 볼 줄 아는 안목이 필요합니다. 미술 애호가가 아닌 일반인은 참여하기 힘든 거래인 거죠."

계속 성장하는 기업이 되기 위해서는 더 많은 소비자를 유인할 필요가 있었다. 투자 대상이 쉽고 직관적이어야겠다는 생각이 들었다. 그런 판단으로 창업한 회사가 테사다. 테사는 이른바 '블루칩 아트'만 취급한다. 블루칩 아트란 파블로 피카소, 빈센트 반 고흐, 키스 해링, 데이비드 호크니 등 미술을 잘 모르는 대중도 한 번 정도는 이름을 들어봤을 만한 거장의 작품을 뜻한다. "투자 상품으로서 미술 작품의 가치는 가격으로 나타나는데, 대중은 생소한 작품의 가격을 이해하기 어렵습니다. 반면 경매 이력이 많고 관련 데이터가 충분히 쌓인 블루칩 아트의 가격은 받아들일 여지가 있죠."

인지도 높은 작가들의 작품 리스트를 뽑아 거래 기록을 추적했다. "경매 데이터를 기반으로 여러 작품의 가치를 분석했습니다. 경매 시작가와 매각 추정가를 비교해 수익률을 계산했고, 낙찰된 사례를 수집했습니다. 그렇게 해서 보유 시 예상 수익률을 뽑았습니다."

싸면 몇억 원, 비싸면 몇천억 원을 호가하는 미술 작품의 소유권을 쪼개서 매매하는 방법을 구상했다. 소유권은 1천 원당 한 단위를 매겼고, 1만 원부터 구매할 수 있도록 했다. "구매자는 미술 작품에 대한 권리를 법적으로 보장받고, 실물 작품은 저희가 보관 및 전시합니다."

콘셉트 구상을 마치고 수요 검증 차원에서 세일즈 행사 '호크니

▲ 테사 김형준 대표(위)와 호크니 나이트 행사 현장(아래)

나이트'를 열었다. "영국 호크니 재단에서 데이비드 호크니 작품 2점
을 직접 매입해서 강남의 한 건물에서 행사를 열어 분할 소유권을
팔았습니다. 150명 정원의 홀에 350명이 모여들었고, 120명이 현
장 결제를 했습니다." 예비 투자자들의 뜨거운 관심을 현장에서 확
인했다.

앤디 워홀, 데미안 허스트 작품을
쉽게 사는 유일한 방법

—

자신감을 갖고 2020년 4월 미술 작품 분할 소유권 판매 플랫폼 '테사'를 오픈했다. 데이비드 호크니, 페르난도 보테로, 앤디 워홀, 데미안 허스트, 키스 해링, 장미셸 바스키아 등 저명한 화가의 작품의 분할 소유권을 판매했다. 투자자는 작품을 처분할 때뿐 아니라 다른 곳에 빌려줄 때도 수익을 거둘 수 있다. "작품 렌털로 발생하는 수익을 배당금으로 지급합니다. 작품의 예상 수익률이 15%를 초과할 때 전자 투표를 통해 작품 매각을 진행할지 결정합니다." 작품이 팔리면 원금과 차익을 챙길 수 있다.

독특한 아이디어로 많은 주목을 받았다. 2022년 키움증권과 교보증권으로부터 전략적 투자를 유치해 누적 투자금 121억 원을 돌파했다. 또한 미술품 조각 투자의 제도권 진입이 가시화되면서 신규 대체 투자처로 급부상하며 주요 금융기관에서 러브콜을 받고 있다.

누구나 미술품 시장에
참여할 수 있는 시스템

—

테사의 타깃 고객은 미술관 방문을 즐기고 재테크에 관심 있는 2030 세대다. "소액으로 거장의 작품을 소유할 수 있다는 점이 매력적인가 봅니다. 젊은 세대의 참여 열기가 무척 뜨겁습니다. 본인 인증을 해야만 가입할 수 있는 번거로운 시스템인데, 현재 13만 명의 회원 수를 기록하며 국내 조각 투자 업계에서는 가장 많은 회원 수를 보유하고 있습니다. 호기심에 1만 원만 투자했다가 적금처럼 다달이 구매하는 분, 호크니 작품만 500만 원치 구매한 분도 있습니다." 2023년 1분기 기준 회원 1인당 평균 88만 원을 결제했다. 투자자 평균 가치 상승률(수익률)은 24.99%를 기록하고 있다.

궁극적인 목표는 미술 거래 시장을 활성화시키는 것이다. "간혹 미술 관련 금융 서비스를 한다고 하면 '작품 가치를 뻥튀기하는 거 아니냐'며 부정적으로 보는 분도 계시는데, 저희는 미술품 가치를 올려주는 곳이 아닙니다. 테사는 전문 콜렉터나 투자자가 아닌 일반인도 미술품을 쉽게 사고파는 거래 플랫폼입니다."

투자자라면 다른 금융자산과는 다른 미술 자산만의 이점에 주목해야 한다. "미술 자산의 속성은 채권과 금의 중간쯤이라고 보면 됩니다. 이자가 발생하는 채권처럼, 작품을 소유하다 보면 렌털 등을 통해 약간의 수익이 발생합니다. 단위로 쪼개서 투자할 수 있다는 점에선 금과 비슷하죠. 미술 자산의 가장 큰 장점은 시장 종속성이 낮다는 점입니다. 다른 자산이 시장 상황에 휘청일 때 미술품의 가격은 안정적입니다. 변동분을 상쇄하는 헤징(Hedging) 투자 상품으로 제격입니다."

김 대표는 예비 창업가들에게 '탐구 정신'을 주문했다. "20여 년 함께 산 아내에게 여태 딱 두 번 화냈습니다. 그중 한 번이 유럽 신혼여행 중 퐁피두 센터에 가자는 아내의 제안에 화낸 일이었습니다. 그 정도로 그림에 애정이 없었던 제가 지금은 미술 비즈니스를 하고 있습니다. 전문 지식만이 사업 성공의 열쇠가 아닙니다. 제가 하는 일은 미술 작품을 파고드는 것과 거리가 멀어요. 미술을 대상으로 핀테크 사업을 시도하고 있는 거죠. 이처럼 시장을 연구하는 과정에서 좋은 사업 아이디어가 나올 수 있습니다."

2년 전 불합격 통지를 받은 지방대생의 현재

통합 모빌리티 플랫폼
카찹 이원재 대표

차 없는 뚜벅이족이나 지하철역에서 먼 비역세권 거주자 사이에서 전동 킥보드가 인기다. 다만 업체별로 앱 여러 개를 오가며 킥보드의 위치와 충전 상태를 비교해야 하는 번거로움이 있다. 네이버나 카카오가 제공하는 길 찾기 서비스에서도 내 주변 이용 가능한 이동수단을 모조리 알려주지는 않는다.

통합 모빌리티 플랫폼 '카찹'은 이동수단 시장의 틈새에서 탄생했다. 졸업 작품을 키워 사업화에 성공한 카찹의 이원재 대표를 만나 창업기를 들었다.

택시와 전동 킥보드를
한데 엮은 플랫폼

—

카찹은 이동수단 비교 검색 플랫폼이다. 전동 킥보드, 공유 자전거 등 민간 모빌리티 서비스뿐만 아니라 대중교통, 심지어 수상 택시까지 하나의 플랫폼으로 통합했다.

이동수단별 요금을 비교해서 예약 가능하다. 이용자가 원하는 모빌리티 종류를 선택하고 출발·도착 위치를 입력하면 사용 가능한 모빌리티 브랜드와 가격을 한눈에 제시해준다. 카찹을 이용하면 이용하면 뚜벅이족도 간편하게 목적지에 갈 수 있다. 주차장, 주유소, 전기차 충전소 등 인프라의 위치와 가격도 확인할 수 있다.

2022년 8월 기준으로 카찹의 월간 활성 사용자(MAU) 수는 7만 3,398명에 달한다. 성장 가능성을 인정받아 중소벤처기업부의 기술 창업투자 프로그램인 팁스(TIPS)에 최종 선정되었다.

졸업 전시 출품작을
고민하다가 탄생하다

—

다채로운 이미지, 상징물 등으로 의사소통하는 시각디자인을 전공했다. 다양한 대외 활동을 했다. "닥치는 대로 경험을 쌓았어요. 시립미술관 기획 홍보실과 한 아트페어에서 인턴을 했습니다. 세종문화회관에서 도슨트로 활동한 적도 있어요. 정치 PR 영역에서 디자이너가 어떤 역량을 펼칠 수 있을까 궁금해서 2018년 지방선거 때는 의원실 공보 담당자로 일했죠." 의원실에서 공보물, 포스터, 현수막, 명함 등 다양한 시각 매체를 디자인할 수 있어서 좋았다. "학교 수업을 마치고 달려가서 새벽 3~4시까지 일할 정도로 열성이었죠."

이때만 해도 창업할 생각은 아니었다. "공동 창업자인 문식원 COO(최고운영책임자)와 학과 동기입니다. 2019년 졸업을 앞두고, 앞으로 무얼 해야 할지, 졸업 작품으로는 어떤 걸 내놓을지 함께 고민했어요." 대부분의 미대 졸업생은 패키지 디자인이나 포스터나 책 같은 인쇄물을 만든다. 열과 성을 다해 만든 결과물은 졸업 전시가 끝나면 대부분 폐기 처분된다. "이 현실이 안타까워서 더 수명이 긴 대안을 고민했습니다. 4차 산업혁명이 붐인 상황에 맞춰 앱 제작에 도전하기로 했어요."

'이동수단 플랫폼' 아이디어는 일상 속 불편함에서 탄생했다. "문 COO가 운전하는 걸 좋아해서 공유 차량 서비스를 자주 이용했어요. 이용할 때마다 업체별 앱을 오가며 가격을 비교하면서 고르더라고요." 여기에 힌트를 얻어 이동수단 시장을 두루 살펴봤다. 항공권은 출발일, 도착일, 도시만 입력하면 항공사별 상품을 한눈에 볼 수 있는데 공유 차량에는 통합 플랫폼이 없었다. "공유 차량 브랜드별 가격 비교 플랫폼이 있으면 좋을 것 같다는 생각이 들었어요."

대략적으로 아이템을 정했을 때 새로운 풍경이 눈에 들어왔다. "강남역에 갔는데 공유 키보드를 쓰는 사람이 유독 많이 보였어요.

바로 문 COO에게 달려가서 공유 차량에 국한하지 말고 '바퀴 달린 것은 다 통합하는 서비스를 만들자'고 제안했어요." 시장조사를 해보니 해외에는 다양한 이동수단을 한데 모은 통합 모빌리티 서비스가 존재했지만 우리나라에는 없었다. 버스와 지하철을 연계한 서비스 정도가 전부였다. 그렇게 대중교통과 공유 킥보드 등 이동수단 전반을 아우르는 플랫폼을 만들어보기로 했다.

창업 초보 대학생이
제휴사를 설득한 비결

—

교양 수업에서 만난 컴퓨터공학과 친구를 섭외해 2019년 8월에 앱 개발에 들어갔다. "모두 창업 경험이 없었어요. 학벌이 대단한 것도 아니었죠. 밑바닥부터 시작한다는 '언더그라운드 정신'으로 무장했어요." 무식하면 용감하다는 말처럼 무작정 킥보드 업체에 협업하자는 메일을 보내고, 만나자고 졸랐다. 투자자들을 만날 때면 '배달의 민족, 지그재그 같은 의식주 플랫폼은 다 나왔으니 이제는 탈것의 차례'라고 설득했다. "이해 관계자들의 반응이 좋아서 순조로울 것 같았죠."

그러나 현실은 녹록지 않았다. "경기도청의 차세대 융합기술원에서 진행하는 창업팀 지원사업에 저희 아이디어가 채택됐어요. 당시 멘토였던 분이 '정식으로 IR(투자자에게 기업 정보를 제공하는 홍보 활동)

▲ 카챱 이원재 대표

을 하면 투자를 유치할 수 있을 것 같다'는 희망적인 이야기를 해주셨죠." 한껏 고무되어 밤새 앱을 개발하고 IR 준비를 했다. "그런데 돌아온 건 '투자 부적격' 판단이었어요. '과연 대학생이 이걸 통합할 수 있을지 의문이다'라는 코멘트와 함께요."

맥이 풀린 동료들의 모습을 보자 오기가 생겼다. "동료들에게 3개월 안에 투자를 받아올 테니까 그때까지만 아르바이트로 버텨보자고 설득했어요." 동료들이 영상 보정, 디자인 외주 아르바이트를 하면서 버틸 때 그는 수업도 빼먹고 투자회사와 제휴사 담당자들을 만나러 다녔다. "세미나 후 연단에서 내려오는 제휴사 대표님을 붙잡고 현장에서 사업계획서를 전달한 적도 있어요. 그렇게 3~4곳의 공유 킥보드 업체를 가까스로 섭외했어요." 피땀 흘려 카챱 앱을 만든 후 2019년 12월 졸업 전시에 제출했다.

이동수단별 가격 비교 및
빠른 경로 검색 기능 추가

—

1차 목표인 졸업 전시를 무사히 마무리한 후부터 제휴처 확장에 집중했다. "물꼬를 트고 나니 섭외가 한결 쉬워졌어요." 2023년 1분기 기준 총 15곳 이상의 업체와 제휴했다. 이용자 위치를 기반으로 가장 가까이 이용할 수 있는 킥보드, 자전거, 택시, 공유 차량, 주유소, 주차장, 전기차 충전소, 수소차 충전소, 한강 수상 택시 등이 지도에 표시된다. 서비스별로 가격도 비교할 수 있다.

이용자의 편의를 위해 '빠른 경로 검색하기' 기능을 추가했다. 출발지와 도착지를 설정하면 이동수단별 최단 거리와 예상 이동 시간을 제시하는 서비스다. "예컨대 혜화역에서 코엑스에 간다고 가정하면 버스로는 38분, 공유 킥보드로는 32분이 소요된다고 나와요. 포털 사이트에서 제공하는 빠른 길 찾기 서비스는 대중교통, 차량에만 국한됐지만 카찹은 민간 이동수단까지 통합해서 보여줍니다."

노력은 배신하지 않았다. 매일 2천여 명이 카찹을 이용한다. 누적 다운로드 수는 12만 건에 달한다. "이용자분들이 후기를 적극적으로 남겨줍니다. '다양한 업체의 킥보드 이용 여부를 알 수 있어서, 점 찍어 둔 킥보드를 빼앗길 걱정이 없어 좋다'는 피드백이 인상 깊었어요. 기존 시장의 불편함을 우리가 해결했다는 뜻이니까요. '카찹을 만든 팀과 같이 일하고 싶을 만큼 훌륭한 서비스다'라는 후기를 봤을 땐 투자받았을 때보다 행복했어요."

데이터 비즈니스 사업으로
확장 목표

—

아직 넘어야 할 산이 많다. "전동 킥보드 규정이 강화되면서 관련 업체들이 많이 힘들어하세요. 탑승자와 보행자 안전을 고려하면 규제가 필요하다고 생각하지만, 가까이서 보는 입장에서 안타깝기도 합니다."

사람들의 이동 생활 전반을 아우르는 서비스로 성장하는 게 목표다. "전동 킥보드를 타는 사람을 붙잡고 어느 앱을 사용했냐 물었을 때 '카찹'이라는 대답이 나오도록 회사를 키울 계획입니다. 추후 이용자의 이동 데이터가 쌓이면 보험사 등 금융사를 대상으로 하는 데이터 비즈니스로 사업을 확장하고 싶어요. 전동 킥보드에 대한 부정적인 인식을 개선하는 것도 과제입니다. 자신이 뛰어든 생태계에서 문제가 발생했을 때, 이를 해결하기 위해 앞장서는 게 플랫폼 사업자의 책무가 아닐까요."

포항공대 17학번 동기가 맥주를 마시다 떠올린 아이디어

AI 기반 애니메이션 제작 툴 개발사
플라스크 이준호·유재준 공동대표

코로나19 이후 집콕 문화가 확산하면서 게임과 OTT 산업이 급부상했다. 하지만 규모가 작은 게임·애니메이션 제작사는 마냥 웃을 수 없는 상황이다. 물 들어왔으니 노 저어야 하는데 제작 비용과 여건이 만만치 않기 때문이다.

예컨대 인간 형태의 캐릭터가 앞으로 걸어가는 모습을 5초 구현하는 데 하루가 꼬박 소요된다. 움직임에 따른 관절의 위치와 변화를 일일이 수작업으로 처리해야 하기 때문이다. 이 과정을 간편화한 기술도 있지만 이용료가 비싸다. 테크 스타트업 이준호·유재준 공동 창업자는 여러 번의 비즈니스 모델 교체 끝에 이 문제에 대한 대답을 찾았다.

애니메이터들의 수고로움을
덜어준 고마운 툴

—

플라스크는 인공지능(AI) 기반 애니메이션 자동화 솔루션 개발사다. 플라스크는 AI가 카메라로 영상 속 인물의 동작을 정확히 추출해 캐릭터에 적용하는 애니메이션 제작 툴이다.

제작비 절감과 제작 시간 단축이라는 두 마리 토끼를 잡았다는 평가를 받으며 다양한 글로벌 게임 제작사, 애니메이션 및 메타버스 회사와 협력 중이다. CES 2023에서 혁신상도 받았다. 네이버의 스타트업 양성조직 D2SF(D2 Startup Factory)가 주목한 3D 관련 스타트업으로 이름을 알리는 중이다.

세상을 바꾸는
사업가의 꿈

—

이준호 대표와 유재준 이사는 포항공과대학교(포스텍) 17학번 동갑내기다. 신입생 때 동기로 만나 기숙사에서 맥주를 마시며 창업의 꿈을 나누다가 공동 창업의 길을 걷게 되었다. 이 대표는 컴퓨터공학을, 유 이사는 신소재공학을 전공했다.

이준호 대표　　교수였던 아버지가 제가 신입생 때 기술 창업을 하셨어요.

평생 이미지 처리 분야를 연구하시다 AI 기술에 대한 시류 변화를 감지하고 바로 산업 현장에 뛰어드신 거죠. 그 모습에 자극받아 대학 생활 내내 창업 관련 활동에 몰두했어요. 포스텍 스타트업 인큐베이터(APGC-Lab)에서 학생 창업팀 발굴, 창업대회 주관, 연사 추천 등의 일을 했죠. 자연스레 교내 창업팀이나 투자사와 어울릴 수 있었죠.

유재준 이사　어릴 적부터 누군가 꿈을 물으면 '세상을 바꾸는 사업가가 되겠다'고 말했어요. 제 경우도 화학공학 분야에서 일하는 아버지 영향이 컸어요. 1학년 때는 학업에 열중하다가 2학년 때부터 창업 준비를 했어요. 경영전략 동아리 문을 두드리고 코딩과 인공지능을 공부했죠. APGC랩을 자주 오가며 이 대표에게 자문을 구한 적도 많았죠.

　물꼬를 튼 건 유 이사 쪽이었다. "교수님의 말씀이 촉매제가 됐어요. 좀 더 준비하고 창업하겠다는 제 말에 '그러면 평생 사업 못 한다'고 말씀하셨거든요. 오기가 생겨서 저와 뜻이 같은 이 대표에게 같이해보자고 제안했죠. 처음에는 창업보다는 팀플을 하는 느낌으로 시작했어요."

　창업 생태계에 한번 발을 들여놓으니 빼도 박도 못하는 상황이 되었다. 전 세계적인 BTS 열풍에 영감을 받아 '케이팝 이미지플랫폼'을 구상했다. 웹 사이트에 케이팝 관련 이미지를 찾고 공유하는 형

▲ 플라스크 이준호·유재준 공동대표

태였다. "이 아이디어가 국가지원사업에 선정됐어요. 수천만 원의 돈이 들어오자 정신이 퍼뜩 들더라고요. 제대로 해야겠다는 생각이 들었습니다."

게임·애니메이션 회사가
두 청년에게 한 넋두리

—

2019년에 휴학하고 연고지도 없는 서울로 올라와 사무실과 자취방을 구했다. "기존의 사업 모델에 몇 가지 한계점이 보였어요. 연예인 초상권, 사진 저작권 문제 때문에 수익을 내는 비즈니스 모델을 못 만들 것 같았어요."

2019년 8월에 AI 기반의 표정 합성 카메라 앱으로 사업을 전환했다. 사람의 얼굴 사진만 넣어도 표정을 만들어주는 앱이었다. 지금의 스노우, 틱톡 같은 앱과 유사한 형태다. "이 사업 아이템도 머지않아 접어야 했습니다. 악용 우려 때문에 AI 기반 이미지 처리 기술에 대한 법적 규제가 강화되는 추세였거든요."

다음 행보를 두고 미궁에 빠졌을 때 그동안 미팅을 하면서 만난 게임 및 애니메이션 업체 사람들의 고충이 떠올랐다. "투자자의 주선으로 게임과 애니메이션 업체분들을 두루 만났는데요. 저희의 표정 합성 기술을 접하고는 '그림을 움직이는 기술도 만들어달라'고 요청하더라고요. 당시엔 사진에 특화된 기술만 보유하고 있어서 그분들의 요구 사항과 크게 연관이 없으니 '언젠가 만들겠다'는 알맹이 없는 답만 했어요. 그런데 문득 진짜 시장이 절실히 필요로 하는 걸 놓치고 있단 생각이 들었습니다." 두 사람이 편한 방향으로 아이템을 선정했던 관성을 버리고 사람들이 필요로 하는 것을 만들어보기로 했다.

영상 속 동작을 인식하는
AI 기반 애니메이션 제작 툴 개발

—

2020년 초, 사업 전환을 결정하고 현직자들의 고충을 접수했다. 상황은 심각했다. "인형의 관절을 꺾듯 창작자들은 수작업으로 캐릭터의 동선을 만들어야 해요. 이런 방법이 키 프레임 편집법인데요, 업계에서는 속된 말로 '노가다'라고 부릅니다. 70~100명의 애니메이터가 2년 동안 달라붙어야 90분짜리 영화 한 편이 탄생할 수 있어요." 키 프레임보다 진화한 모션 캡처(센서를 붙인 인간의 동작을 감지해 캐릭터에게 적용하는 기술)의 경우 아주 비싸다. 1분당 제작비가 150만 원에 육박한다. 대형 게임사나 스튜디오가 아니면 엄두도 못 낼 가격이다.

게임 회사에서 근무한 AI 엔지니어를 영입해 기반이 될 기술부터 구축했다. "영상 속에서 인물의 위치를 찾아내는 '인간 탐지' 기술, 인물의 포즈를 3차원 관절 좌표 형태로 추출하는 '3D 포즈 추출' 기술, 서로 다른 관절 구조를 가진 인간과 캐릭터 사이에서 포즈 정보를 변환하는 '스켈레톤 리타게팅' 기술을 개발했어요." 이 과정에서 1천 기가바이트에 달하는 데이터를 AI에 학습시켰다.

복병은 애니메이션 툴 개발이었다. "3D 애니메이션 툴에서 지원해야 하는 기능의 수가 어마어마하게 많더군요. 버튼만 1만 개가 넘는 툴도 있었어요." 수많은 기능 중에서 꼭 필요한 것을 추리기 위해 밤새 타사의 툴을 만지면서 기능별 원리를 파악했다. "웬만한 애니메이터보다 툴 공부를 더 많이 한 것 같아요."

2020년 말, AI 기반의 애니메이션 영상 툴의 베타 버전을 출시했다. "웹 기반의 툴로 만들었습니다. 다른 프로그램처럼 내려받거나 설치할 필요가 없어요." 이용 방법은 간단하다. 인물이 움직이는 영상을 소프트웨어에 올린다. 그다음 이용자가 보유한 3D 캐릭터의

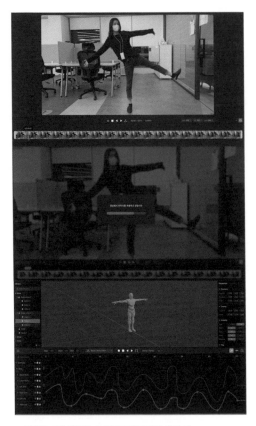

▲ 플라스크가 개발한 AI 기반 애니메이션 제작 툴

파일을 불러오면 캐릭터가 영상 속 인물의 움직임을 그대로 따라 한다. 추가 생성된 파일은 기존의 게임 및 애니메이션 제작 툴과 호환된다. 유튜브에 올릴 수도 있다.

애니메이터들의 손품과 제작 시간을 모두 줄였다. "동작을 감지할 때 쓰는 슈트와 센서, 촬영 스튜디오 섭외가 요구되는 모션 캡처와는 달리 사람이 움직이는 영상만 있으면 돼요. 작업 시간도 확 줄였어요. 1분짜리 움직임을 만들고 후보정까지 하는 데 키 프레임으로 30일, 모션 캡처로는 통상 2주가 소요되는데, 플라스크로 할 경우 4~5일 만에 만들 수 있거든요. 다만 콘텐츠 유형에 따라 약간의 차이는 있을 수 있습니다."

북미 진출 목표,
유튜브 다음 타자는 메타버스 플랫폼
—

운명처럼 뛰어든 창업, 두 청년은 "일단 하면 된다."라고 입을 모았다.

이준호 대표　　좋게 말하면 낙천적이고 나쁘게 말하면 무모한 성격이에요. 아이디어는 많은데 실행력이 부족한 타입이죠. 학생 때는 시험 이틀 전 까지도 술을 마실 정도였어요. 이런 내가 회사를 이끌 수 있을까 의심했는데, 막상 뛰어들면 하게 돼요. 열심히 하지 않으면 성과를 낼 수 없으니 매달려서 하게 되더라고요. 위기와 변화를 거듭할수록 구체적인 그림이 그려지는 과정에서 큰 성취감을 느꼈습니다. 창업하지 않았다면 이런 제 모습을 발견하지 못했을 것 같아요.

유재준 이사　　과거의 저는 미래에 대한 불안감에 시달리던 학생이었어요. 내가 무엇을 잘하는지, 무엇을 해야 할지 몰라 허덕이 던 자존감 낮은 아이였죠. 창업 후에는 180도 달라졌습니다. 아이디어를 증명하면서 자신감이 붙었거든요. 많은 대학생이 세무, 회계, 인사 지식이 부족하다는 이유로 창업 전선에 뛰어들지 못한다고 들었어요. 두려움은 잠깐 내려놓아도 괜찮다고 말하고 싶어요. 우리나라 스타트업 생태계는 괜찮은 편이거든요. 자신을 믿고 그동안 그려온 걸 한 단계씩 이끌어 가는 게 중요하다고 생각합니다.

비효율이 만연하는 애니메이션 제작 환경 전반을 바꾸는 게 목표다. "플라스크 같은 3D 애니메이션 제작 툴은 이 시대의 필연이라고 생각해요. 유튜브라는 지배적 플랫폼이 '영상 제작'이라는 전문 영역을 대중의 영역으로 끌어왔잖아요. 그다음 타자는 제페토나 로블록스 같은 메타버스(3차원 가상세계)가 될 거라 보거든요. 플라스크가 3D 콘텐츠 제작의 진입장벽을 낮추는 데 기여했으면 좋겠습니다. 잘 성장해서 디즈니, 픽사, EA 같은 글로벌 기업을 이용자로 확보하겠습니다."

'사람과 하이파이브하는 로봇', 아무도 못 한 세계 최초의 기술

협동로봇 안전성 분석 및 위험 검증 솔루션 개발사
세이프틱스 신헌섭 대표

걸으면서 불가피한 충돌이 예상될 때, 몸은 나와 상대방이 다치지 않도록 그 힘을 스스로 조절한다. 하이파이브를 할 때도 쌍방이 아프지 않을 수준으로 손뼉을 맞댄다. 본능과 누적된 경험이 맞물려 위험을 정의하고 제어할 수 있는 '안전 감각'을 갖춘 덕이다.

누구보다 로봇을 사랑한 공학도는 로봇에도 안전 감각이 필요하다고 생각했다. 안전을 담보하기 위해 사람과 로봇을 물리적으로 분리하는 방식에는 한계가 있다고 판단했다. 그는 로봇 안전 지능 전문 스타트업을 설립해, 작업환경의 안전과 생산성을 동시에 도모하는 방법을 찾아냈다. 세이프틱스의 신헌섭 대표를 만나 그가 발견한 인간과 로봇의 공존 방법에 대해 들었다.

세계 최초의 로봇 안정성 분석 및
위험 검증 솔루션

—

세이프틱스는 협동로봇 안전성 분석 및 위험 검증 솔루션을 개발한 스타트업이다. 로봇의 구조와 역학 정보, 충돌 가능 시나리오 등을 수학적으로 계산해 힘과 압력을 도출한 다음 안전성을 평가한다. 비용과 시간이 드는 충돌 실험 없이 다양한 시나리오를 검증할 수 있고, 안전성이 보장된 로봇의 최대 속도를 계산해 생산성 또한 높일 수 있다.

솔루션의 기반이 되는 기술은 '로봇 안전 지능'이다. 로봇이 사람과 충돌할 때 발생하는 힘과 압력을 예측해 스스로 위험도를 파악하는 것이다. 이를 통해 로봇은 위험을 정량화해 위험할 때 작동 속도를 낮추고 안전할 때는 속도를 높일 수 있다. 로봇 스스로 위험도를 인지하는 기술은 세계 최초다. 세이프틱스는 로봇 안전성 검증 소프트웨어 출시를 앞두고 있다.

알파고와 이세돌 대국에 놀란
로봇공학도

—

신 대표는 어릴 적부터 로봇을 동경했다. "로봇 축구 동아리가 소재인 드라마 〈카이스트〉를 즐겨봤습니다. 그때부터 로봇과 관련된 일

◀ 세이프틱스 신헌섭 대표

을 꿈꿨죠. 처음엔 그저 로봇이 좋았는데, 점점 로봇이 미래 사회의 숙명이라는 확신이 들었습니다. 불확실성의 연속 속에서 '로봇이 우리 생활에 깊게 침투할 것'이란 예측은 몇 안 되는 정해진 미래거든요. 발전하는 산업에 기여하고 싶었어요." 경희대학교 기계공학과에 진학해 동대학에서 석사 학위까지 취득했다. 세부 연구 분야는 로봇공학이었다. 그 후 2015년, 건축 안전 소프트웨어를 개발하는 IT 기업 마이다스아이티에 입사해 엔지니어로 근무했다.

알파고와 이세돌의 대국은 로봇공학도의 눈에 하나의 신호탄으로 보였다. "알파고 시대 전까지의 로봇은 '하드웨어'로 인식됐는데요. 알파고가 로봇지능의 중요성을 일깨워줬어요." 사람과 로봇이 완전히 공존하는 세상이 예상보다 빠르게 올 것 같다는 생각이 들었다. 회사를 관두고 모교로 돌아가 로봇공학 전공으로 박사 과정을 밟기 시작했다.

펜스 안으로 다시
들어가버린 협동로봇

—

산업 현장에서 바로 적용할 수 있는 아이디어를 연구 주제로 설정하기로 했다. 현장의 목소리부터 들었다. "보통 산업용 로봇은 안전펜스 안에서 사용됩니다. 안전펜스는 사람과 로봇을 물리적으로 분리시켜 안전을 보장하는 간단한 해결책이거든요." 그러다 기술 개발 속도가 빨라지면서 울타리를 벗어나, 사람과 공간을 공유하는 로봇이 등장했다. 바로 '협동로봇'이다. "펜스가 없어도 되니 좁은 공간에 둘 수 있어서 제조 현장이나 물류 창고는 물론 치킨 로봇, 피자 로봇 등 형태로 푸드테크 업종에서도 활용되고 있습니다."

펜스가 사라지면서 로봇의 안전성을 담보하는 것이 새로운 과제가 되었다. "로봇과 함께 일해야 하는 노동자는 로봇의 존재가 불안할 수 있습니다." 그래서 국제안전표준에서는 로봇을 펜스 없이 운용하기 위해 '비의도적 충돌에서도 안전하다는 것을 증명해야 하는 의무'를 로봇 사업주에게 부과하기 시작했다.

안전 검증 과정은 결코 만만치 않다. "자동차 충돌 실험처럼 로봇

역시 충돌해도 안전한지 검증을 수행해야 하는데요. 제조사가 검증을 수행해야 하는 자동차와는 달리 로봇은 사용자가 안전을 검증해야 합니다. 자동차는 움직임이 단순하고 사고 케이스를 정형화시킬 수 있지만, 로봇은 사업장마다 제각기 다른 공구를 부착해 사용 목적에 따라 움직임과 속도가 천차만별이거든요."

문제는 사용자가 직접 충돌 검증을 하는 데 엄청난 시간과 비용을 든다는 점이다. 충돌 검증을 할 때 자동차 충돌 실험과 유사한 실험 환경을 구축해야 해서 비용과 시간 소모가 크다. 수많은 시나리오 중 일부만 제한적으로 검증할 뿐인데도 1천만 원 이상의 비용이 발생한다. 또한 현장이 상대적으로 좁아 실험이 불가능한 경우도 많다. "이런 이유로 펜스 없는 로봇을 모토로 개발된 협동로봇의 주변에 펜스를 설치하게 되는 아이러니한 상황이 자주 발생합니다. 협동로봇의 보급화를 막는 가장 큰 주범이죠."

충돌 방지 대신
충돌 허용 기술이 필요한 이유
—

기존 검증 실험의 한계를 해결할 수 있는 대안을 개발하기로 했다. 충돌을 전제로 한 실험이 아닌 예측을 명확히 하는 방향으로 발상을 전환했다. "여러모로 품이 많이 드는 실험이 아닌 정교한 수학적 모델을 통해 사람과 로봇 간 충돌 위험도를 파악할 수 있는 소프트웨어를 개발하기로 했습니다." 로봇의 움직임을 측정한 모션 데이터와 로봇의 형상 정보 등을 받아서 로봇이 어떤 대상과 충돌했을 때 발생하는 물리량을 계산하면, 위험을 사전에 파악할 수 있다.

로봇과 인간의 '분리'가 아닌 '공존'에 방점을 찍었다. "흔히들 '센서로 사람을 감지해서 충돌하기 전 로봇을 미리 멈추면 되지 않을까' 생각하는데요. 센서가 사람을 감지하지 못한다면 큰 사고가 날 수 있어서 안전 분야에서는 굉장히 보수적인 기준을 적용합니다. 사람과 로봇 사이 거리가 약 1.5~2m 안에 있는 경우 로봇은 대부분 멈춰야 하죠. 이런 분류 기준을 '충돌 방지'라고 하는데요. 이 분류로는 로봇의 활용성이 떨어집니다."

임대료 등 공간 사용에 관련한 비용이 운영비의 상당수를 차지하는 사업장에서는 어쩔 수 없이 좁은 공간에서 사람과 로봇이 공존해야 한다. 그런데 일률적으로 거리 규정을 적용하면 대부분 로봇이 상당 시간 멈추고 있어야 하는 아이러니한 상황이 펼쳐진다. 공간이 좁으니 로봇 옆에는 늘 사람이 있을 수밖에 없는데, 충돌 방지 규정에 따라 로봇이 작동하지 못하는 것이다. "저희는 '충돌 허용'이라는 기술을 구축하기로 했습니다. 국제안전표준에서 정한 통증 기준 정도로만 충돌한다면 의도치 않은 충돌에도 충분히 안전하니 사람과 로봇이 좁은 공간에서도 공존할 수 있어요. 발상을 전환해 충돌을 허용하면 로봇의 활용성을 높일 수 있습니다."

충돌력을 정확히 예측하는 것이 관건이었다. 실험에 실험을 거듭하며 '로봇 안전 지능'을 구축했다. 로봇 안전 지능이란 로봇이 사람

▲ 세이프틱스

처럼 스스로 위험을 정의하고 제어할 수 있는 지능이다. "인간이 태어날 때부터 갖추고 있는 안전 본능이나 경험에 의한 안전 감각을 로봇이 지니고 있는 것이라고 이해하면 됩니다." 충돌 시 얼마나 아프고 어떤 상처가 생기는지를 연구하기 위해 로봇의 속도, 방향, 형상 등 다양한 경우의 수를 고려해 수많은 실험을 했다. 사람뿐만 아니라 사람과 피부 반응이 비슷한 미니피그 등을 실험에 동원해 정교한 이론 모델을 만들었다.

2020년에 세이프틱스를 창업해, 개발한 기술을 다양한 산업 현장에 적용했다. 배터리 관련 기업, 물류 기업, 가전 기업은 물론 푸드테크 등의 서비스 분야까지 펜스나 센서 없이 세이프틱스의 충돌 검증을 받고 안전 인증을 획득했다. "컨설팅 시 충돌 사고 시나리오를 산정하고, 시나리오가 국제안전표준에 만족하는지 체크합니다. 만약 위험하다 판단되면 속도를 얼마나 줄여야 하는지 등 최적의 이동속도까지 알려줍니다." 얼마 전에는 공장에 협동로봇 도입을 앞둔 프랑스 유명 자동차 회사의 의뢰를 받고 온라인으로 데이터를 분석했다. "충돌 실험은 로봇이 설치되고 난 후에야 진행할 수 있는데요. 저희의 예측 기술을 활용하면 작업 환경 데이터 등 일부 정보만 입력하고도 위험도를 사전에 분석할 수 있어서 비용이나 산업적 리스크를 줄일 수 있습니다."

"로봇과의 안전한 공존, 저희가 책임지겠습니다."

—

세이프틱스의 솔루션은 산업 현장의 문제를 참신하게 풀어냈다는 평가를 받으며 여러 기관과 투자자의 관심을 받았다. "설립 초기부터 과학기술정보통신부 장관상이라는 큰 성과를 냈습니다. 2021년 8월에는 한국로봇산업진흥원이 저희 충돌 검증 방식의 안전도 평가 능력을 공인했습니다. 세이프틱스가 특정 협동로봇의 안전도를 평가하면 한국로봇산업진흥원이 이를 인정해 해당 사업장에 '협동로봇 설치 작업장 인증'을 내준다는 의미입니다. 지난 여름에는 일본과 미국 특허를 등록했습니다. 해외 진출의 발판을 마련한 셈이죠."

'세이프티디자이너'라는 이름의 로봇 안전 지능 소프트웨어 출시를 앞두고 있다. 2023년 2월, 베타 서비스를 공개했다. "사용자가 온라인에 로봇의 동작 자료를 입력하면 위험도를 평가해 안전하게 작업할 수 있는 값을 제공해주는 플랫폼입니다. 안전 리포트도 자동으로 작성해주죠. 사용자는 이 보고서를 한국로봇산업진흥원에 제출해 안전 인증을 받을 수 있습니다. 사용자가 직접 안전도를 확인할 수 있어서 컨설팅 비용뿐만 아니라 시간까지 아낄 수 있습니다."

로봇이 안전한 동작을 스스로 결정할 수 있는 기술을 개발하는 것이 목표다. "지금은 제3자로서 로봇의 충돌이나 안전 수준을 분석하고 있지만 로봇에 직접 이식할 수 있는 안전 지능 소프트웨어를 개발하려 합니다. 그렇게 된다면 사람과 하이파이브를 할 때, 사람이 따로 입력 값을 투입하지 않아도 알아서 힘을 조절하는 로봇이 탄생할 수 있겠죠."

기술 창업은 협동로봇을 펜스로부터 꺼내는 과정과 유사하다고 말한다. "연구와 기술 개발보다는 저희가 구상한 기술의 유효성을 인정받는 과정이 더욱 어려웠습니다. 무수한 실험을 통해 검증 자료를 많이 만들어 한국로봇산업진흥원 같은 인증 기관의 인정을 받는 수밖에 없었죠. 하지만 어려움을 극복했기에 협동로봇에 대한 안전 검증 비즈니스 모델을 보유한 세계 최초 회사라는 타이틀을 거머쥘 수 있었습니다. '세이프틱스 덕분에 협동로봇을 (펜스 없이) 협동로봇처럼 쓸 수 있다'는 감동적인 피드백도 받을 수 있었고요. 지금까지 로봇 관련 기술은 기능 위주로 발전됐고, 안전한 공존을 준비하는 노력은 상대적으로 뒤처졌는데요. 로봇 안전 분야에서 최고가 되겠습니다."

직장인에게 블라인드가 있다면 10대에게는 오늘학교가 있다

초·중·고 학생 커뮤니티 오늘학교 개발사
아테나스랩 임효원 대표

온라인 커뮤니티가 정보 습득 창구 이상의 의미가 되고 있다. 혹자는 친구에게도 말할 수 없는 고민을 커뮤니티에 올려 마음의 위안을 구하고, 혹자는 의견이 다른 익명의 타인과 자존심을 걸고 싸운다. 커뮤니티 역시 일상의 연장인 것이다.

직장인에게는 '블라인드', 대학생에게는 '에브리타임'이 있다면 초·중·고 학생에게는 '오늘학교'가 있다. 오늘학교를 만든 스타트업 아테나스랩은 프리랜서 연결 플랫폼으로 출발했다. 서비스를 운영하며 생긴 문제를 하나씩 해결하면서 새로운 시장을 발견하고, 재빨리 사업 모델을 바꾸는 데 성공했다. 임효원 아테나스랩 대표를 만나 우연히 발견한 틈새시장을 청소년들을 위한 아지트로 발전시킨 과정을 들었다.

우리나라 학생 4명 중
1명이 가입한 서비스

—

오늘학교는 청소년들의 교육 생활에 필요한 정보를 제공하는 앱이다. 교육행정정보시스템(NEIS)의 공공 데이터와 연계해 시간표·급식·일정·봉사활동 정보 등 학교생활 관련 정보를 쉽게 확인할 수 있다. 학원 검색 기능을 통해 지역별·분야별 학원의 수강 정보, 시설 및 편의 사항, 진학 실적 등의 정보도 한눈에 볼 수 있다

오늘학교를 스타 앱으로 만든 일등 공신은 커뮤니티 기능이다. 간단한 본인 인증 절차를 거치면 '익명 수다방' 기능을 사용할 수 있다. 학생과 학부모 커뮤니티가 본인 인증 시점부터 완전히 구별되어, 동질성을 가진 그룹끼리 정보를 나누고 공감대를 형성할 수 있다.

오늘학교 앱은 출시 두 달 만에 애플 앱스토어 교육 분야 1위에 올랐다. 회원 수는 130만 명을 돌파했다. 약 527만 명에 달하는 우리나라 초·중·고 학생 약 4명 중 1명이 오늘학교에 가입한 셈이다.

스타트업에 뛰어든
고대 인턴왕

—

고등학생 때부터 창업이 꿈이었다. 고려대학교 경영학과에 진학해 그 꿈을 키워나갔다. "경영전략학회에서 활동하면서 비즈니스 사례

▲ 아테나스랩 임효원 대표

를 공부했어요. 맥킨지앤드컴퍼니, 카카오 전략기획팀, 카카오벤처
스, 사모펀드 포트폴리오 회사 등에서 인턴을 하면서 진로를 탐색했
습니다." 일련의 경험을 통해 조직 크기에 상관없이 주도적으로 일
할 수 있는 곳을 선호한다는 것을 깨달았다. 2015년 졸업 후 스타트
업에서 경험치를 쌓았다. 성형정보 공유 앱 회사 '바비톡'에서 사회
생활을 시작해 데이팅 앱 회사 '비앤케이랩', 에이블리의 전신 '스타
일센스' 등에서 앱 마케팅과 기획총괄을 담당했다.

2016년 9월, 아테나스랩을 창업했다. 첫 사업 아이템은 범용 프
리랜서 연결 플랫폼이었다. "대학생 때 과외, PPT 제작 대행으로 돈
을 벌었어요. 프리랜서였죠. 이 생활의 가장 큰 문제는 일의 양이 일
정하지 못하다는 점이었어요." 바쁠 때 일이 몰렸고, 한가할 때는 돈

을 벌고 싶어도 일감이 없었다. 지난 경험을 발판 삼아 프리랜서들이 자신이 처한 상황에 맞춰 유동적으로 업무를 선택할 수 있도록 돕고 싶었다.

2017년 5월, 프리랜서 중개 웹 사이트 '프람피'를 개발했다. 처음에는 개인 레슨, 이사, 청소, 프로그램 개발 등 모든 용역을 포괄하는 서비스로 출발했다. "서비스를 1년 정도 운영했을 때 뜻밖의 지표를 발견했어요. 수요자의 70%가 과외, 레슨을 찾는 이들이더군요. 이들에게 집중하는 게 사업 확장에 따른 부대 비용은 줄이면서도 효율적일 것 같았습니다."

선택과 집중을 하기로 했다. 서비스 범위를 좁혀 프람피를 레슨, 과외 매칭 플랫폼으로 탈바꿈했다. "이용자가 사이트 내에서 희망하는 레슨 분야의 요청서를 작성하면 전문가들이 이를 보고 제안서를 보내고, 이용자는 받은 제안 중 가장 마음에 드는 것을 최종적으로 고르는 플랫폼입니다. 플랫폼의 용도와 정체성이 훨씬 선명해졌죠." 지금까지 13만 명의 전문가가 프람피에 등록되어 있다.

서비스 개편 후
더 고민하게 된 이유

—

서비스 개편 후 안심할 새도 없이 문제가 드러났다. 이용자를 대상으로 설문 조사를 실시해보니 요청서와 제안서를 주고받고도 거래가 성사되지 않은 경우가 많았다. "학원과 개인 교습이라는 두 개의 선택지를 같이 놓고 고민하는 수요자들이 많았습니다. 과외비가 학원비보다 비싼 편이니까요. 학원이라는 대안은 미처 생각하지 못했습니다."

학원을 선택해 플랫폼에서 이탈하는 이들까지 잡기 위해 2018년 겨울에 학원 정보 공유 플랫폼 '프람피 아카데미(현재 '오늘학교 아카데미'로 서비스명 변경)'를 출시했다. "학원별 수강 인원과 연령 통계, 특목고 진학 상황, 수강생 출신 학교, 학원 시설 같은 정보가 제공되고 이용자가 후기까지 남길 수 있는 플랫폼입니다." 프람피 아카데미에서 전국 13만여 곳의 학원과 교습소 정보를 열람할 수 있다.

전력을 다해 프람피와 프람피 아카데미를 운영했다. 하지만 원하는 속도만큼 성장하지 못하는 것 같아 답답했다. 수익 구조가 부실한 탓이었다. "프람피 레슨은 중개 수수료를 받지만, 프람피 아카데미는 별도 비즈니스 모델이 없었어요. 이런 상황에서 성장하는 게 쉽지 않았습니다." 마케팅도 어려운 건 매한가지였다. "보통 1년에 한두 번 학원이나 과외를 구하니까, 최소 한 번은 저희 서비스를 이용하고도 서비스명을 잊어버리는 분들이 대부분이었습니다."

1년에 한두 번 쓰고 잊는 앱 대신 매일 사용하는 서비스 속에 프람피와 프람피 아카데미를 녹이는 대안을 떠올렸다. "사람들이 과외나 학원을 찾는 시점에 맞춰 마케팅하면 그때마다 비용이 듭니다. 효율이 떨어져요. 반대로 사람들이 매일 쓰는 앱을 발판으로 활용하면 마케팅 비용을 아끼면서 저희가 기존에 운영하던 두 서비스를 자연스럽게 알릴 수 있어요. 카카오톡을 쓰던 사람들이 송금이나 결제를 할 때 자연스럽게 카카오페이를 쓰는 것처럼요."

120만 학생이 몰리는
서비스의 탄생

—

관건은 아이템이었다. 프람피나 프람피 아카데미의 주 타깃인 학생에게 부족해 보이는 것을 찾아 나섰다. 그때 커뮤니티가 눈에 들어왔다. "직장인의 블라인드, 대학생의 에브리타임, 육아맘들의 키즈노트처럼 특정 연령대나 동일 집단을 대표하는 앱이 활성화돼 있는 것에 비해 학생이나 학부모가 매일 사용하는 앱이 없었습니다. 틈새시장을 발견하고 2020년 9월 초·중·고 학생 커뮤니티 서비스 '오늘학교'를 출시했습니다." 학생이라면 누구나 쓰는 앱, 이들을 대표하는 앱을 만드는 데 주안점을 뒀다. 학급별 시간표, 학사 일정, 급식표 등 공공 데이터 기반의 정보를 제공하고 이용자 참여도를 높이기 위해 익명 수다방을 만들었다.

　반응은 폭발적이었다. 1년도 안 되어 50만 명 이상의 이용자를 유치한 데 이어 론칭 2년 반 후 이용자 120만 명을 달성했다. "빠른 성장의 비결 중 하나는 하루 평균 3천여 개의 게시글이 올라오는 커뮤니티입니다." 오늘학교에 모인 학생들은 가족, 친구, 학교, 급식 등 다양한 주제로 게시물을 올린다. 오늘학교에 모인 학생들은 학업의

◀ 오늘학교 앱

압박을 잠깐 내려놓고 서로 재미있는 농담을 주고받거나 위로의 말
을 건넨다.

학생들이 쓰는 공간인 만큼 엄격하게 운영한다. "신고와 내부 모

니터링을 통해 욕설이 포함됐거나 규정을 위반한 게시물을 올린 이용자를 색출합니다. 처음 신고를 받으면 하루 동안 이용이 정지되고요. 두 번째는 일주일, 세 번째는 한 달, 네 번째는 90일 동안 오늘학교를 이용할 수 없어요. 그 이상 신고받은 계정은 영구 정지됩니다." 게시물 내용이 심각하게 나쁠 경우 내부 판단에 따라 이용을 영구 정지시키는 강수를 둔다. "가족에게 말 못 할 고민이 많을 시기인 학생들에게 마음 편히 마음을 털어놓을 수 있는 공간을 마련해주기 위해 이 정도의 노력은 필요하다고 생각합니다."

세 번의 방향 전환에도
생존한 비결은 '빠른 시도'

—

10대를 겨냥한 '차세대 플랫폼'으로 자리매김 중이다. 초·중·고 학생과 학부모를 한데 모은 커뮤니티라는 점을 활용해 광고로 수익을 내고 있다. "식품 회사, 교육 회사처럼 학생을 주요 타깃으로 하는 광고주들에게 매력적인 광고 플랫폼으로 자리 잡았다고 자부합니다. 한국 사람이라면 누구나 카카오톡을 쓰는 것처럼, 오늘학교를 학생과 학부모라면 당연히 설치해야 하는 서비스로 키우겠습니다."

세 번의 방향 전환에도 생존한 비결은 '빠른 시도'다. "작은 테스트를 빨리하는 편이에요. 괜찮은 아이디어가 있으면 최소한의 정보와 자원만으로 바로 실행하죠. 프람피 아카데미와 오늘학교도 그렇게 탄생했어요. 오늘학교의 경우 서비스를 하나 더 만든다고 하면 팀원들이 부담스러워 할까봐 소수의 팀원들과 조용히 준비하다가 나중에 알린 케이스예요. 머리로 구상한 게 있다면 부담 갖지 말고 실행부터 해볼 것을 추천합니다."

...

원격진료 플랫폼 '닥터나우' 장지호 대표

전기차 충전 플랫폼, 디바이스 개발사 '체인라이트닝컴퍼니' 장성수 대표

반려동물 헬스케어 브랜드 '아워테리토리' 노민혁 대표

여성향 성 생활용품 브랜드 세이브 운영사 '세이브앤코' 박지원 대표

렌털 가격 비교 플랫폼 '렌트리' 서현동 대표

CHAPTER 6

우리 회사 대표님의
또 다른 직업

창업 2년 만에 회원 170만 명 플랫폼 대표가 된 의대생

원격진료 플랫폼
닥터나우 장지호 대표

"저희 서비스는 대치동 학원 맘 커뮤니티에서 수험 준비 필수 앱으로 꼽히고 있어요."

비대면 진료 및 처방 약 배달 플랫폼 '닥터나우'의 장지호 대표는 자신의 서비스를 이렇게 소개했다. 각종 동네 상권을 견인하는 '맘'들이 비대면으로 건강을 관리할 수 있는 서비스 닥터나우에 큰 관심을 보이고 있다. 새로운 서비스에 민감하면서 자신을 비롯한 가족의 삶의 질 향상에 진심인 소비층이다. 유행에 민감하고 입소문 효과가 뛰어난 여성 소비자의 반응은 성공의 바로미터와도 같다.

코로나19 이후 닥터나우는 우리 사회에 '원격진료의 필요성'이라는 공을 쏘아 올렸다. 의대 출신 창업자 장 대표에게 원격진료에 뛰어든 이유와 그 필요성에 대해 들었다.

병원 갈 시간이 없는 현대인을 위한
비대면 진료 서비스

—

닥터나우는 비대면 진료 앱 서비스다. 이용 방법은 간단하다. 앱을 깔아서 진료 과목과 의사를 선택한 후 전화나 화상으로 진료를 보면 된다. 이후 휴대폰으로 전송받은 처방전을 약국에 전달하면 된다. 약은 퀵이나 택배로 배송받거나 예약 수령(픽업)할 수 있다. 진료부터 처방전 수령까지 5분이면 된다. 내과, 소아과, 산부인과 등 필수 진료 과목부터 피부과, 안과, 정형외과 등 20개 과목을 통해 감기나 복통 같은 보험 영역뿐만 아니라 탈모, 여드름 같은 비보험 영역까지 진료를 볼 수 있다.

지금까지 약 3천여 곳의 병원, 약국과 제휴를 맺었다. 코로나19 상황이 심각했을 때 백신 접종 후 부작용을 걱정하는 이들 사이에서

▲ 닥터나우

'집에 누워서 진료 볼 수 있는 서비스'라고 입소문이 났다. 원격진료를 둘러싼 일부의 비판적인 시각에도 불구하고 서비스 개시 2년 만에 가입자 수 170만 명, 앱 다운로드 430만 건을 돌파했다.

이 청년이 의대를 택한
남다른 이유
—

어릴 적부터 '원격진료 창업'이 목표였다. 꿈을 이루기 위해 2016년 한양대학교 의대 문을 두드렸다. "어릴 적 제가 아플 때마다 아버지께서 의사 친구들에게 전화로 조언을 구하시곤 했어요. 저도 그분들처럼 멀리서도 진료를 봐주는 의사가 되고 싶었죠. 의대 면접장에서도 '원격진료를 해주는 의사가 되고 싶다'고 말했어요."

고등학교 때부터 해왔던 노숙인·장애인을 위한 봉사 활동을 의대에 진학해서도 5년간 계속했다. 이런 기관에서는 전화로 진료를 본후 약을 배달해주는 방식의 원격진료를 이미 시행하고 있었다. "원격진료는 환자와 의사의 거리를 좁혀주는 핵심적인 도구라고 생각했습니다."

학교를 다니는 5년 동안 열심히 창업을 준비했다. "전공도 아닌코딩, 디자인 수업을 청강하며 배경지식을 쌓았어요. 디자인어워드에도 도전했습니다." 2019년 '수액 모자'로 세계 3대 디자인어워드로 꼽히는 IDEA와 제임스 다이슨 어워드 2019에서 입상했다. 건강

◀ 닥터나우 장지호 대표

검진 결과를 기반으로 맞춤형 영양제를 파는 사업도 했다. 이 과정을 통해 평소에 만나기 힘든 개발자나 디자이너들과 인맥을 쌓았다.

우리나라보다 먼저 초고령 사회로 진입한 이웃 나라 일본의 원격 진료 시장이 급성장하는 것을 보며 빠른 창업을 결심했다. "우리나라는 의료 접근성이 높다고들 말하지만 현실은 그렇지 않습니다. 서울 중심가에 살아도 저녁 7시만 되면 문 연 병원과 약국을 찾기 어려워요. 아프면 진료받는 게 당연하지만 현실적으로 병원 문 연 시간에 맞춰 아플 순 없잖아요. 저는 의료계 종사자로서 다른 이들과 비교했을 때 편한 삶을 누렸어요. 아프면 의대 선배들에게 전화로 상담을 받을 수 있었거든요. 이 좋은 걸 다른 사람들은 누리지 못하는 게 안타까웠어요." 잘 자리 잡으면 환자, 의사, 약사 모두에게 좋은 사업 모델일 거라고 확신했다.

2019년 지인 4명을 설득해서 닥터나우를 창업했다. "'졸업하고 창업하라'는 만류를 많이 들었지만 창업을 감행했습니다. 초기 멤버 중 대기업 입사를 앞두고 있었던 개발자 친구도 있어요. 좋은 직장을 고사하고 합류할 만큼 모두 이 일에 진심이었죠."

약국과 병원을 다니며
일일이 설득하다

—

원격진료 업체와 제휴를 맺고 의약품 배송 서비스부터 시작했다. "의료 기관에서 작성한 처방전을 환자가 선택한 약국으로 발송하면 약사가 이를 받은 후 구두 혹은 서면으로 복약지도를 하고 약을 보내주는 서비스였어요." 이용자의 개인정보가 오가는 일인 만큼 처방전 전송 과정에서 튼튼한 보안을 갖추는 데 주력했다.

창업과 동시에 코로나19가 창궐하면서 원격진료의 필요성이 본격적으로 대두되었다. "2020년 2월부터 정부가 감염병 전파를 차단하기 위해 한시적으로 비대면 원격진료를 허용했습니다. 비슷한 시기에 대구 지역에서 코로나19 확진자가 폭발적으로 증가했어요. 당장 자체 원격진료 플랫폼을 구축하지는 못했지만 작은 도움이라도 주고 싶었어요." 대구 지역에서 원격진료가 되는 병원과 안 되는 병원,

의약품 배송이 되는 약국과 안 되는 약국 등의 정보가 담긴 지도를 웹에 공유했다. 해당 웹 페이지에 100만 명이 넘는 접속자가 몰려들었다.

한 발 더 나가려면 원격진료에 대한 의료계 내부의 인식부터 바꿔야 했다. "사업 초기에 제가 백팩을 메고 직접 약국과 병원을 찾아다니며 함께하자고 설득했어요. 대부분이 '원격진료가 가능하겠냐?'는 회의적인 반응이었죠. 기업형 약국의 등장이나 대형병원 쏠림 현상을 우려하는 분들도 적지 않았고요." 다행히 코로나19발 원격진료가 확산되면서 여론이 달라졌다. 누적 비대면 진료 사례가 빠르게 늘었고, 그중 절반 이상이 작은 의원급인 1차 의료기관에서 진행되었다는 데이터가 나온 덕이다. 우려와는 달리 상급 종합병원 이용률은 7%에 불과했다.

관건은 원격진료를 둘러싼 법적 문턱을 넘는 것이었다. "2000년 원격진료 시범 서비스가 도입됐지만 말 그대로 시범 사업에 그쳤고, 의약품 배송을 막는 「약사법」은 1964년에 생긴 법이라 지금 시대에 맞지 않다고 생각했어요. 그래서 창업 전부터 규제 샌드박스(신제품이나 서비스가 출시될 때 일정 기간 기존 규제를 면제 또는 유예시켜주는 제도)를 준비했어요." 의약품 배송 규제 특례를 받는 게 골자였다. 대한상공회의소와 코리아스타트업포럼 같은 단체와 문제의식을 공유하며 함께 움직였다.

그럼에도 불구하고 약사회의 거센 반발에 부딪혔다. 의약품 배달 서비스를 본격 도입하기에는 환자의 안전을 보장하기 위한 장치가 충분히 마련되지 않았다는 게 약사회 측 입장이었다. "회사의 거취를 명확하게 하기 위해 일시적으로 서비스를 중단하고 보건복지부에 검토를 요청했습니다. 그리고 2020년 11월 복지부로부터 '전화 상담·처방 및 대리 처방 한시적 허용 방안에 따라 제한된 범위 내에서 한시적으로 허용한다'는 서면 답변을 받았습니다." 복지부로부터 서면 답변을 받은 건 동종업계 최초였다. 고무적인 순간이었다.

목표는 한국 넘어 세계적인 서비스로 성장하는 것

—

2020년 11월, 복지부의 유권 해석을 기반으로 비대면 원격진료 플랫폼 '닥터나우'를 출시했다. 안팎으로 발품 판 노력은 결실을 맺었다. 2021년 5월 말, 닥터나우의 '재외국민 비대면 진료 서비스'가 규제 샌드박스를 통과한 것이다. "회사뿐만 아니라 협력사들도 성과를 내고 있습니다. 협력 병원과 약국의 평균 매출이 1,995% 올랐어요. 코로나19 위기로 폐업 준비까지 했던 한 약국은 저희 서비스를 통해 100배가 넘는 매출 신장을 이뤘다고 합니다. 협력사와 선순환을 그리고 있는 것 같아 뿌듯합니다."

장 대표는 창업에서 가장 중요한 것은 '사명감'이라고 강조했다. "아직 생소한 산업군인 만큼 우리가 하는 일이 우리나라의 '표준이 될 수 있다'고 생각하고 일에 임합니다. 감사하게도 이용자분들의 반응이 뜨겁습니다. 매월 공용 메일로 감동적인 감사 인사를 받는데요, 한번은 만성질환을 겪는 이용자분이 '닥터나우가 없었으면 일상이 힘들었을 것 같고, 회사가 더 커져서 다른 사람들도 썼으면 좋겠다'는 편지를 써주셨어요. 저희 서비스를 써보고 A4 4장 분량의 피드백을 남긴 분도 있었죠." 이런 순간을 마주할 때마다 강한 책임감을 느낀다.

우리나라 원격진료 1위 서비스를 넘어서서 해외 서비스와 경쟁하는 회사로 성장하는 것이 목표다. "좋은 인재가 훌륭한 서비스를 만든다고 믿어요. 의료 산업을 바꿔보고 싶은 의지가 있는 사람들이 모이면 좋겠어요. 의료 산업에서 혁신을 일으킬 만한 영역이 바로 비대면 진료라고 생각합니다. 아플 때 119 다음으로 찾는 서비스로 도약하겠습니다."

변호사 관두고 전기차 충전 플랫폼 사업을 시작한 이유

전기차 충전 플랫폼, 디바이스 개발사
체인라이트닝컴퍼니 장성수 대표

판사, 변호사, 의사… 많은 사람에게 '사짜' 간판은 평생의 꿈이다. 체인라이트닝컴퍼니 장성수 대표는 변호사 출신이다. 하지만 평생의 꿈은 창업이었다. 로펌 대신 미래가 불투명하고 가시밭길의 연속인 창업의 길을 택했다. 전기차 충전 플랫폼과 충전 기기를 개발 중이다. 장 대표를 만나 법정 대신 주차장을 활동 무대로 선택한 이유를 들었다.

지속 가능한 비지니스를 위한
전기차 무료 충전 플랫폼
—

체인라이트닝컴퍼니는 전기차 무료 충전 플랫폼 '스파클'를 개발하고 있다. 스파클을 이루는 두 축은 플랫폼과 충전 디바이스다. 전기차 충전 앱 '스파클'은 월 기본 20시간의 무료 충전 시간을 제공한다. 그 이상을 쓰기 위해서는 월 2만~3만 원 대의 구독 서비스에 가입해야 한다. 추후 구독요금에는 충전, 세차, 워셔액 보충, 전기차 카쉐어링 이용료 등이 포함될 예정이다.

앱은 하드웨어와 연동된다. 이용자는 QR코드와 블루투스를 활용해 앱으로 손쉽게 충전 상태를 조작할 수 있다. 체인라이트닝컴퍼니가 직접 개발한 콘센트형 충전기 '그리드콘센트'는 전용 충전 공간 없이 주차장에 설치할 수 있다. 제품 원가는 약 4만 원 정도로 타사 대비 절반 수준으로 저렴하다. 화재 위험 또한 현저히 낮다.

향후 체인라이트닝컴퍼니가 개발한 충전기 외에 다른 충전 사업자의 충전기까지도 무료 충전 대상으로 포함시킬 계획이다. 구독요금을 내길 원치 않는 이용자들은 광고를 보거나 충전소 리뷰 등을 작성해 플랫폼에 기여하고 무료 충전 시간을 늘릴 수 있다.

스타트업을 사랑한
변호사

———

뉴욕주립대학교에서 경영학을 전공하고 철학을 부전공했다. "조직 관리에 매력을 느껴서 경영학을 택했습니다. 학문에 대한 욕심이 있었어요. 학부 졸업 후 대학원에 진학해 박사 과정까지 할지 실무 경

▲ 체인라이트닝컴퍼니 장성수 대표

험을 쌓을지 고민에 빠졌죠." 2012년 숨 돌릴 겸 귀국했다가 삼일
PwC에 인턴으로 취업했다. 최초의 직장 생활이었다. "IT 전략을 수
립하는 일을 했는데요. 쉽진 않지만 재미있었습니다. 인턴으로 들어
왔다가 그곳에서 2년 가까이 일했습니다."

2016년에 성균관대학교 로스쿨에 진학했다. "법조인이 돼야겠다
는 목표보다는 특정 분야의 전문지식을 갖춰야겠다는 목적이 더 컸
어요. 법은 학술적이면서도 현실과 밀접하게 관련된 학문이라 매력
적으로 느껴졌어요. 몸담은 경영, 컨설팅 영역과 무관하지도 않고
요." 그리고 2019년 변호사 시험에 합격했다.

변호사 타이틀을 취득한 후 첫 행선지는 로펌이 아니라 법률 스타

트업이었다. "법률상담 플랫폼 '로톡'으로 유명한 로앤컴퍼니의 부대 표님과 아는 사이인데요. 로스쿨 졸업 후 부대표님과 생일 축하 메시지를 주고받다가 근황을 공유하고 로톡에 합류하게 됐어요." 이 곳에서 신사업개발 팀장과 법무팀장, 두 직책을 거쳤다. "처음에는 B2B 플랫폼 전략 수립 등 서비스 구축과 관련한 일을 하다가 회사 가 법적 논란에 휘말리면서 법무 일을 도맡게 됐어요."

자동차 에너지 전환이
그에게 절호의 기회로 보였던 이유
—

2년 반쯤 지나자 슬슬 '내 일'을 할 차례라는 생각이 들었다. "컨설 팅 회사에 다닐 때부터 스타트업 창업을 하고 싶다는 생각을 했었어 요. 로앤컴퍼니 대표님이 고생하시는 모습을 보고 '안쓰럽다' 대신 '멋있다'는 생각이 들 때 확신이 들었죠." 스타트업이 성장하기 위해 단계별로 어떤 과정을 밟아야 하는지 알게 되어 자신감도 있었다. 2021년 8월, 체인라이트닝컴퍼니 법인을 설립했다.

그가 주목한 것은 전기차 충전 시장이다. "전기차 시대의 도래는 단순히 자동차 동력의 교체를 의미하는 게 아닙니다. 휴대폰 시장이 피처폰에서 스마트폰으로 전환된 것처럼, 자동차가 '이동수단'에서 '바퀴가 달린 플랫폼'으로 진화하는 것을 시사하죠." 자동차 산업은 하드웨어에서 소프트웨어 중심으로 재편되고 있었다. 테슬라가 그

출발점이었다. "이토록 엄청난 변화를 보면서 이 분야로 창업을 하지 않으면 후회할 것 같았어요. 꼭 모빌리티 영역에서 창업해야겠다고 결심했죠."

이용자의 전기차 사용 패턴을 분석했다. 상당수가 충전에 어려움을 겪고 있다는 사실을 발견했다. "사실 충전기 수는 부족하지 않습니다. 전기차 등록 대수가 40만 대 이상인데, 충전기 수는 20만 기 가량으로, 2대1 비율에 달하죠."

문제는 충전기 설치 현황이 이용자의 이용 패턴에 전혀 부합하지 않는다는 점이다. "전기차 차주의 60%가 거주지에서 전기차를 충전합니다. 우리나라 인구의 51%는 아파트에 거주하죠. 하지만 주차장에 충전기가 설치된 아파트는 전체의 30%에 불과합니다. 소수의 충전 가능한 주차면을 여러 명의 이용자가 짧은 시간 돌아가면서 이용해야 하는 구조죠. 그 과정에서 입주민 간 마찰과 갈등이 발생할 수밖에 없고요."

현재는 대기업까지 전기차 충전 사업에 뛰어들었지만, 그가 창업을 결심했을 때만 해도 업체들은 전기차 충전 사업에 미온적인 반응을 보이는 상황이었다. 나름의 이유가 있었다. "전기차 충전 비즈니스는 사업자가 입찰을 통해 아파트에 설치 계약을 맺는 식으로 진행됩니다. 계약 체결 후 사업자는 충전기를 설치해서 충전비로 수익을 창출하죠." 문제는 충전기가 보통 100만 원에 거래될 정도로 비싸다는 사실이다. 이는 완속 충전기 기준이며, 급속 충전기는 대당 2천만 원에 육박한다.

"인프라 비용이 비싼 편인데 충전요금만으로 투자 비용을 회수하기에는 마진이 너무 적어요. 충전 인프라 설치에 지급되는 정부 보조금을 받으면 부담이 줄지만, 영업 경쟁이 너무 치열해 사실상 외주 영업사에게 용역비를 지급하고 나면 남는 게 없습니다."

이용자의 최대 골칫덩이인 '전기차 충전'에 초점 맞춰 솔루션 개발

—

이용자들의 불편함에 초점을 맞춰 사업 구조를 설계했다. "국내에 46곳 정도의 충전 사업자가 있는데요. 각각의 이용 방식과 결제 방식이 달라 이용자에게 혼란을 줍니다. 사업자별로 시스템이 통합돼 있지 않아 충전카드를 여러 개 소지하고 다녀야 하죠." 처음에는 결제 방식을 통합하는 플랫폼을 구상했다. "플랫폼 개발 준비에 착수했는데 문득 '결제 방식을 통합한다고 이용자들의 충전 경험이 개선될까'라는 의문이 들었어요. 충전 사업자의 고충, 주차면 수를 둘러싼 입주민 간의 갈등 등 전기차 충전기 시장의 근본적인 문제를 해결해야 사업이 지속 가능할 것이라고 판단했죠."

플랫폼에 연계해서 쓸 수 있는 합리적인 가격의 충전기를 직접 개발하는 쪽으로 사업 방향을 틀었다. "충전기 단가를 5만 원 대로 대폭 낮추는 게 관건이었어요. 보조금에 의존하지 않으려면 원가가 낮아야 했거든요. 충전기의 양적 확대에도 도움이 되고요." 설치와 회

▲ 체인라이트닝컴퍼니

수가 쉬운 '콘센트형' 완속 충전기를 구상했다. 콘센트형을 설치하면 전기차 전용 충전 공간을 따로 설정할 필요 없이 충전 서비스를 제공할 수 있다. "기능으로만 따지면 급속 충전기를 따라갈 수는 없지만, 완속 충전기가 이용자의 라이프스타일에 더 걸맞아요. 퇴근할 때 충전시켜 놓고 집에서 쉬다가 다음 날 출근할 때 차를 쓰면 되거든요."

하드웨어를 개발하면서 부지런히 잠재 소비자를 만나고 다녔다. 한 달에 많게는 70개 넘는 단지의 아파트 관리 사무소를 방문했다. "충전소 설치를 결정하는 주체가 아파트 관리 사무소와 입주자 대표 회의다 보니 시간 나는 대로 이들을 만나고 다녔어요. 주로 전기차 등록 대수가 많은 서초구, 강남구, 송파구 아파트 위주로 영업 활동을 했습니다. 요즘은 서울에서 출퇴근하는 경기도권의 3천 세대 미만 아파트 단지를 공략하고 있어요."

"국산 전기차 충전 인프라,
유럽에 수출할게요."

—

업력도 짧고, 솔루션을 시판하지 않았는데도 많은 성과를 냈다. 예
비창업패키지(서울창조경제혁신센터) 최우수 기업에 선정되면서 초창
기부터 사업성과 기술력을 인정받았다. 이 외에도 서울대기술지주,
신용보증기금 등 유명 기관이 운영하는 스타트업 육성사업에 연이
어 선정되었다. "저희가 특별히 뛰어난 것이라기보단 ESG 트렌드에
맞춰 시의적절하게 창업에 뛰어든 결과라고 생각합니다. 물론 그 누
구보다 이용자를 포함한 전기차 시장의 이해 관계자들의 입장을 많
이 고민하고 반영했다고 자신합니다. 저희의 차별점은 바로 그 지점
에 있어요."

2023년 전기차 무료 충전 앱 '스파클'을 출시했다. "우리나라는
OECD 국가 중 전기차 충전기 보급률 1위 국가예요. 보급률은 높은
데 충전소 부족을 호소하는 이용자가 많습니다. 실제 충전기가 설치
된 현장과 이용자들의 경험 사이의 간극을 메우는 것. 철저히 이용
자 입장에서 생각했기 때문에 관점을 전환할 수 있었습니다."

무료 충전 서비스를 준비하게 된 배경도 이런 생각과 일맥상통한
다. "일정 시간 제공하는 무료 충전을 통해 이용자를 확보하고, 충
전·세차·워셔액 교체 등이 포함된 모빌리티 서비스 구독제 가입을
유도해서 수익을 낼 계획입니다. 무작정 충전기를 배포하는 대신 확
실한 이용자가 있는 곳에만 충전기를 설치할 구상입니다. 또한 사업

자를 대상으로 하드웨어와 앱을 공급할 생각이에요."

해외 진출도 염두에 두고 있다. "지금 개발 중인 하드웨어는 QR 또는 블루투스로 앱과 연동하기 때문에 서버 의존도가 낮아요. 와이파이 인프라가 미흡한 곳에서도 구동할 수 있어서 런던을 시작으로 오래된 건물이 많은 유럽 시장에 진출하고자 합니다."

장기적으로 에너지 생산과 공급을 모두 관할하는 종합 모빌리티 에너지 기업을 꿈꾼다. "구글에서 테슬라를 검색하면 스스로를 '전기차, 태양광 및 청정에너지'라고 소개합니다. 지붕에 설치하는 태양광 패널인 '솔라루프'를 통해 생산된 에너지를 저장하는 '파워월'을 만들고 있거든요. 태양광 같은 청정에너지 생산도 전기차 산업의 축 중 하나가 될 것이라고 본 것이죠. 저 역시 이 구상에 동의합니다. 가상발전소(VPP) 업체와 협업해서 아파트 옥상에 패널을 설치하고 거기에서 발생한 에너지를 전기차에 활용할 수 있도록 한다면 녹색 순환고리를 만들 수 있지 않을까요. 먼 미래의 이야기지만 종국적으로는 그런 방향으로 나아가고 싶어요. 그전에 거쳐야 할 역경이 많겠지만 이런 불확실성조차 스타트업의 매력이 아닌가 합니다."

추억의 아이돌 '클릭비' 멤버, 스타트업 대표로 돌아오다

반려동물 헬스케어 브랜드
아워테리토리 노민혁 대표

"너 모든 걸 다 걸고 싸워. 한번 부딪쳐봐. 이제 세상을 가져봐."

노래 '백전무패'로 험난한 세상과 맞서 싸워 이기라며 용기를 줬던 7명의 소년 클릭비. 그들이 이 곡으로 가요계 정상에 오른 것이 벌써 20여 년 전 일이다. 소년들은 백전무패(百戰無敗)로 살고 있을까. 아이돌에서 반려동물 헬스케어 기업의 대표로 인생 2막을 맞이한 노민혁 대표를 만나 아이돌 이후의 삶에 대해 들었다.

환영문: 반려동물 헬스케어 스타트업 대표가 된 아이돌

—

노 대표는 고향인 부산에서 이름 꽤나 날렸던 기타 신동이었다.

1999년 데뷔한 7인조 보이 밴드 클릭비에서 기타리스트를 맡았다. 당시 SM 엔터테인먼트와 양대 산맥을 이뤘던 대성기획(현 DSP 미디어) 소속으로, 수많은 소녀팬을 몰고 다니며 큰 인기를 구가했다. 3집 수록곡 '백전무패'로 가요 프로그램에서 1위를 차지하기도 했다. 멤버끼리 염원했던 꿈을 이뤘는데 노 대표는 그룹이 가장 사랑받던 2002년, 돌연 하차를 선언했다.

이후 간간이 근황을 알렸던 그가 3년 전 반려동물 헬스케어 기업 '주식회사 아워테리토리'의 대표로 돌아왔다. 가루 형태의 반려동물 영양제를 개발해서 온라인몰 등에서 유통하고, 서울 연희동에서 반려동물 동반 카페 미미에토를 운영하고 있다. 기타리스트로 25년, 스타트업 대표로 5년. 종잡을 수 없는 항로 변경에 어떤 사연이 숨어있는 걸까.

백전무패&EXIT: 아버지가 계획한 천재, 박수 칠 때 떠난 이유

—

모든 질곡의 시작은 '아버지'였다. "아버지는 38살, 당시로는 늦은 나이에 절 낳으셨어요. 하루라도 빨리 저를 성공시키고 말겠다는 집착에 사로잡혀 계셨죠. 아버지는 부산 전역의 기타 학원을 돌고 돈 끝에 9살짜리를 받아주는 곳을 겨우 찾아 저를 등록시켰어요." 아버지의 열정 덕분이었는지 기타를 곧잘 쳤다. 부산 록의 성지 '메탈 라

▲ 클릭비 시절(왼쪽)과 아워테리토리 노민혁 대표(오른쪽)

이브'에서 정기 공연을 할 정도였다. "아버지는 이런 저를 알리기 위해 온갖 방송국, 언론사의 문을 두드렸습니다. 10살엔 신문에 '부산의 최연소 로커'로 소개됐고, 12살엔 MBC 〈신(新)인간시대〉에 기타 신동으로 출연했습니다."

그의 삶에 '클릭비'라는 발자국이 새겨진 것도 아버지의 뜻이었다. "아버지께서 지인을 통해 SM과 대성기획 오디션을 하루에 잡아오셨어요. 고민하다 먼저 연락을 준 대성에 합류하기로 했습니다. 아버지는 고(故) 이호연 대표에게 '내 아들이 메인 보컬이어야 한다'는 조건을 걸었고 대표는 그걸 수락했다고 합니다." 중학교 3학년이라는 어린 나이에 부산을 떠나 서울 생활을 시작했고, 고등학교 1학년 때 데뷔했다.

그러나 그룹의 메인 보컬로 세워주겠다던 약속은 지켜지지 않았다. 아버지가 이끄는 길만 따랐던 소년은 멤버들 간의 치열한 자리 다툼 앞에서 주눅만 들었다. "멤버들이 노래 파트 하나 더 갖겠다고 싸울 때 저는 져주는 게 속 편했습니다." 결국 다른 멤버가 메인 보컬이 되었고 그는 거의 노래를 부르지 않았다. 기타 연주만 했다. "제가 노래를 안 하는 걸 알게 된 아버지는 난리가 났습니다. '너 걔네 뒤에서 기타나 치려고 죽어라 연습했느냐, 너는 자존심도 없냐, 당장 관둬라.' 이호연 대표에게 대놓고 적대감을 표시하기도 하셨습니다."

그사이 3집 '백전무패'가 대박 나고, 연이어 3.5집이 성공을 거뒀다. 노 대표는 '박수 칠 때 떠날 기회'라고 생각했다. "멤버들이 저렇게 노력하는데, 저 하나 때문에 수포로 돌아가는 게 싫었어요. 결국 2002년 스무 살 나이로 클릭비를 탈퇴했습니다. 회사에선 '1, 2집 고생해서 여기까지 왔는데 지금 나가면 어떻게 하느냐, 이제부터 돈 버는 거다'라며 잡았지만, 너무 지친 상태였어요. 3년간 기획사와 아버지 사이에서 정말 괴로웠거든요."

마지막 선물: 인디 뮤지션으로 활동, 아버지 투병 소식에 경로 전환

—

바깥세상은 엄혹했다. 대형 기획사를 제 발로 나온 20살을 받아주는 곳은 없었고, 아버지의 압박은 계속되었다. 새로운 차원의 괴로움이 시작되었다. "아버지는 빨리 다른 회사에 들어가서 앨범을 내라고 역정을 내시는데, 홀로 탈퇴한 데다 상업적 가치까지 부족했던 제게 누가 관심을 가졌겠어요." 클릭비 시절에는 기획사가 짠 계획을 따르기만 해도 일이 굴러갔는데, 바깥세상에서는 하나부터 열까지 모두 다 그의 몫이었다. 버거웠다. "간혹 다른 아티스트의 세션에 참가하는 걸 제외하곤, 낮에 운동하고 밤엔 술 마시며 6년을 보냈습니다."

잃어버린 6년 후 마음을 잡고 다시 음악 생활을 시작했다. "2008년 밴드 애쉬그레이를 결성하고, 설 수 있는 무대를 찾아 나섰습니다. 메이저 기획사는 한물간 아이돌에게 눈길을 주지 않았고 인디 쪽에서는 '아이돌 놀이하던 애가 이제야 예술을 한다'며 고깝게 보더군요. '노래는 괜찮은데, 보컬을 어리고 잘생긴 애로 바꾸자'는 기획사도 있었고요." 설 데가 없어서 거리 공연을 시작했다. 홍대, 신촌, 강남역, 명동, 인사동 등에서 버스킹을 했다. "길바닥에서 뭐 하냐고 꾸짖는 아버지와는 한 2년간 연락을 끊고 살았어요. 상업적 성과는 없었지만 순수하게 음악만 하며 자유로운 시간을 보냈습니다."

31살이던 2013년, 삶의 전환점을 맞이한다. "어느 날 울음 섞인 어머니의 전화를 받았어요. 아버지가 간암 투병 중이라는 사실을 알리셨죠." 2년 만에 만난 아버지는 눈물겨울 만큼 쇠약했다. 괄괄했던 모습은 없고 뼈와 가죽만 남아 있었다. "우리 가족에게 허용된 짧은 시간 동안은 최선을 다하기로 마음먹었어요. 함께 바다도 가고 프로야구 경기에서 시구와 시타도 했어요. 그때 아버지가 제 아픈 손가락임을 깨달았습니다."

아버지의 황망한 죽음은 자신의 가장 못난 모습을 들추는 계기가 되었다. "밖에 있다가 아버지가 임종을 앞두고 있다는 연락을 듣고

급하게 병원으로 갔어요. 그런데 그 순간조차 병원비가 걱정돼 택시를 탈까 버스를 탈까 고민했습니다." 결국 버스를 타고 병원에 갔더니 5분 전에 아버지가 숨을 거뒀다는 청천벽력 같은 소식만 돌아왔다. 비참하고 참담했다. "'엄마는 이렇게 보내지 않아야겠다' 수없이 다짐했습니다. 서른다섯까지만 음악하고 안 되면 내려놓겠다 마음먹었습니다."

Challenge: 사기당하고 낙향, 사업가로 재기 결심

—

34살이 되던 2016년, 뼈에 새긴 다짐이 무색하게 믿었던 이에게 큰 사기를 당했다. "더 이상 버틸 재간이 없어 부산으로 돌아가기로 했습니다." 18년 동안 서울에서 버텼는데, 그의 짐은 차 한 대를 못 채웠다. "그때의 쓸쓸함이란 이루 말할 수 없을 정도였어요."

지푸라기라도 잡자는 심정으로 2017년 초 부산 해운대의 1인 창조 비즈니스 센터 문을 두드렸다. 하지만 평생 음악인으로 산 그에게는 창업 지원 서류를 작성하는 것부터가 과제이자 도전이었다. "20년 넘게 기타만 쥐었던 터라 엑셀, 한글 파일 양식은 외계어처럼 낯설었습니다. 양식을 어디서 다운받고 어떻게 채우고 제출하는지 하나하나 센터 직원의 도움을 받아가며 헤쳐 나갔습니다."

다음 단계는 사업 아이템 찾기. 자신의 목표와 일의 지속 가능성

▲ 반려견 은비(왼쪽)와 아워테리토리의 영양제(오른쪽)

에 초점을 두고 고민했다. 14년간 함께한 반려견 은비가 힌트를 줬다. "은비는 유기견 출신입니다. 태어나고 2년 가까이 이 집 저 집 떠돌아다녔습니다. 누군가 거뒀다가 버리고, 또 누군가 거뒀다가 버리고 한 거죠. 그때의 트라우마 때문인지 스트레스에 취약하고 예민합니다. 애디슨병(부신 기능 저하증)까지 앓고 있어 지극 정성으로 보호해야 합니다." 동물이 유기되는 가장 큰 이유는 건강이다. 유기견은 건강하지 않을 것 같다는 인식 때문에 오랫동안 가족을 찾지 못하고, 아프다는 이유로 쉽게 버려지기까지 한다. 이 악순환을 끊기 위해 반려동물 헬스케어 사업을 구상했다.

Dreaming: 반려동물 종합 영양제 개발, 유기견 기부 캠페인 진행

—

2018년 3월, 서울로 돌아와 반려동물 헬스케어 스타트업 아워테리토리를 설립했다. "한국생명공학연구원과 협업해 분말 형태의 반려동물 영양제를 개발했습니다. 반려동물의 기호에 맞게 사료나 펫 밀크에 섞어서 주면 됩니다. 43개국에서 특허를 받은 아라자임 효소가 대표 성분이죠. 제품 하나로 장과 소화기계, 관절, 간, 눈물 흘림, 피모 관리를 할 수 있습니다."

제품 개발 후 유기견 기부 캠페인을 통해 제품 출시를 알렸다. 세상의 모든 반려동물이 행복하기를 바라는 취지를 담았다. "이후 주요 온라인몰뿐 아니라 강남 롯데 백화점, 대형 동물병원 등 오프라인 매장에서도 제품을 유통하고 있습니다. 공격적으로 마케팅하지는 않습니다. 첫 3~5년은 브랜드에 대한 신뢰를 구축하는 시기거든요. 신뢰는 돈이 아니라 시간을 들여서 얻는 것이라 생각합니다."

To Be Continued: 연희동에 반려동물 카페 오픈, 펫 CBD 신제품 개발

—

'사업가 노민혁'의 고난은 헛된 것이 아니었다. 2020년 5월에는 서울 연희동에 반려동물 동반 카페 '미미에토'를 오픈했고, 11월에는

'2020 대한민국 반려동물 문화대상' 시상식에서 스타트업 부문 대상을 수상했다.

기타를 내려놓고 사업 전선에 뛰어든 건 결코 쉬운 선택이 아니었다. "막막했습니다. 모르는 만큼 바쁘게 다녔습니다. 말 그대로 열심히 했어요. K스타트업이나 중소벤처기업부에서 제공하는 교육을 모두 듣고, 지원사업이 있으면 무조건 신청했습니다. 사업 초 신용보증기금의 보증을 통해 1억 원의 대출을 받았는데요. 수십 번 탈락 끝에 받은 겁니다. 이 외에도 수출 바우처 같은 크고 작은 제작지원 사업에 많이 선정됐습니다. 창업 관련 기관과 펫 박람회를 문지방이 닳도록 누비며 버틴 성과라고 생각합니다."

직접 겪어본 무대 밖의 세상은 냉혹했다. 매 순간 사람 공부가 필요하다 느낀다. "일이 이제 좀 순탄하게 진행되나 싶을 때마다 사람 때문에 문제가 생겼습니다. 동업 계획이 어긋나고, 하루아침에 카페 직원이 일을 관두면서 저 홀로 남겨지기도 했어요. 뭐든 혼자 오래 하면 번아웃이 옵니다. 하지만 누구를 탓하겠어요. 버티는 거 하나는 자신 있으니까 그저 하는 거죠. 그러다 보니 감사한 인연도 눈에 들어오고 지켜야 할 게 분명해지더라고요."

반려동물 가구 모두가 건강하고 행복한 세상을 앞당기고 싶다. "동물은 사람보다 고통을 잘 참아서, 동물병원에 갔을 때는 이미 늦은 경우가 많다고 합니다. 미리 건강관리를 해서 예방하는 게 중요하죠. 소중한 반려동물을 하루아침에 떠나보내는 비극이 일어나지 않도록, 아프다는 이유로 유기되는 아이가 없도록 노력하겠습니다."

미국 미대 교수님이 틴케이스 콘돔을 개발한 이유

여성향 성 생활용품 브랜드 세이브 운영사
세이브앤코 박지원 대표

매년 3월 8일은 여성에 대한 억압과 차별을 없애고 여성의 지위 제고를 촉구하는 세계 여성의 날이다. 여성이 억압을 받고 있다고 지목당한 주제 중 하나가 성적 자기결정권이다. 오랜 기간 사회는 여성이 자신의 성적 욕망을 드러내는 것을 터부시했다. 여성이 성과 관련된 행복을 추구하는 결정은 문란한 행위로 치부되었다.

스타트업 세이브앤코의 박지원 대표는 성 건강용품 사업을 통해 '여성의 성'이라는 음지의 주제를 양지로 끌어왔다. 2021년에는 국제 비영리단체 쉬 러브스 테크(She Loves Tech)가 주최한 제7회 세계 여성 스타트업 경진대회에서 50개국 4천여 개 기업들을 제치고 3위에 올랐다. 세계 최대 규모의 여성 창업경진대회인 이 대회에서 우리나라 스타트업이 수상한 것은 처음이다. 한국 사회의 가부장적인 인식의 판을 바꾸기 위해 창업에 뛰어들었다는 박 대표를 만났다.

그녀에게 무해한
성 건강용품

—

펨테크(Femtech) 스타트업 세이브앤코는 성 건강용품 브랜드 '세이브'를 운영한다. '여성을 둘러싼 편견(BIAS)을 뒤집는다'는 취지를 담아, 편견의 영어 철자를 거꾸로 해서 회사명을 세이브(SAIB)라 지었다.

대표 상품은 틴케이스에 넣은 콘돔, 거품형 여성 청결제, 고체형 여성 청결제, 수딩젤 등이다. 모든 제품이 딸기 우유 빛의 예쁘고 감성적인 색상을 활용해서 디자인되었다. 성 건강용품에 대한 심리적

◀ 세이브앤코 박지원 대표

장벽을 낮추기 위해서다. 여성의 신체에 유해한 화학 성분은 최대한 배제했다.

한국 여성이 제 손으로
콘돔을 안 사는 이유

—

이화여자대학교에서 시각정보디자인을 전공한 박 대표는 자타공인 디자인 분야의 수재다. "학부 재학 중에는 삼성디자인멤버십에서 활동했고, 이후 디자인 전문 기업 데어즈(DAREZ)를 창업해 3년간 경험을 쌓았습니다. 이후 미국 국무부의 풀브라이트 장학생으로 선발돼 디자인 분야의 명문 학교인 미국의 로드아일랜드디자인스쿨에 진학해 그래픽 디자인을 공부했습니다."

2013년, 20대 후반에 미국 텍사스대학교 오스틴캠퍼스 디자인 대학의 조교수로 부임했다. 자유로운 분위기의 미국 캠퍼스는 신선한 자극으로 가득했다. 이곳에서 삶을 뒤흔든 문화 충격을 경험했다. "사회문제를 해결할 디자인 솔루션을 제출하라는 과제를 낸 적이 있어요. 그때 말수 적고 수줍음 많은 여학생이 콘돔 사용을 증진하는 아이디어를 냈습니다. 순간 '이걸 어떻게 피드백해야 하나, 남학생들이 놀리지 않을까' 조마조마했어요." 기우였다. 박 대표를 제외한 모든 학생이 안전한 성관계를 주제로 열성적으로 토론을 했다. "그 누구도 부끄러워하지 않았죠. 그 자리에서 민망함을 느낀 사람은 저 하나뿐이었어요."

그때야 보이지 않던 것들이 눈에 들어오기 시작했다. "미국에서는 학교 보건소 프런트 데스크에 무료 콘돔을 비치해 둬요. 눈치 보지 않고 원하는 만큼 콘돔을 가져갈 수 있는 거죠." 성교육을 할 때도 '피임을 하려면 콘돔을 사용해야 한다' 수준의 원론적인 이야기만 하지 않는다. "얇은 콘돔을 손상시키지 않고 제대로 씌우는 법을 실습합니다. 미국에선 성인 여성이 성에 무지한 것은 스스로를 보호하지 못한다는 뜻이고, 어른스럽지 못한 태도로 봐요."

한국 여성들이 처한 상황을 살펴봤다. "지금은 많이 나아졌다고 하지만 아직도 한국에선 여성이 성생활에 대해 자유롭게 말하면 '헤프다'고 손가락질해요. 여성의 성이라는 주제 자체를 금기시하다 보니 여성 소비자가 콘돔을 구입하는 데 소극적이죠." 한국에서는 콘돔은 남자의 전유물이란 인식이 강하다. 브랜딩, 홍보 문구, 제품명도 지극히 남성향이다. "여성 소비자가 콘돔을 계산대에 올리는 걸 민망해하는 가장 큰 이유죠."

고민 끝에 틴케이스에
보관하는 콘돔을 고안하다

—

2017년 상반기, 안식년을 맞아 한국에 들어왔다. 이때부터 '남의 물건'이라 여겼던 콘돔을 미친 듯이 연구했다. "한국, 미국, 유럽 시장

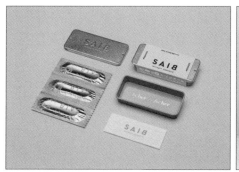

▲ 세이브 프리미엄 콘돔(왼쪽)과 세이브앤코 제품들(오른쪽)

에 있는 제품을 사서 성분과 재질을 분석했어요. 콘돔에 첨가된 살정제나 사정지연제 같은 성분 중에 몸에 좋은 게 없었어요. 콘돔 표면에 묻어 있는 성분이 몸 내부에 남으면 여성에게 치명적인 영향을 줍니다. 내부 장기가 피부 표면보다 흡수율이 42배나 높거든요."

처음부터 모조리 바꿔야 했다. 유해 화학 성분을 모두 빼는 것은 물론 콘돔 재료로 식물성 원료인 천연 라텍스를 쓰기로 했다. 콘돔 파손을 방지하기 위한 윤활제로는 실리콘 오일을 썼다. "실리콘 오일은 WHO(세계보건기구)가 라텍스 콘돔에 가장 바람직한 윤활제로 추천하는 성분입니다."

디자인에도 변화가 필요했다. 전문 분야인 디자인 역량을 원 없이 발휘해보기로 했다. "디자인과 브랜드는 사람의 소비 패턴이나 생각을 바꾸는 데 큰 역할을 한다고 생각합니다. 이 과정에서 디자인은 사람이 특정 브랜드에 입문하게 만드는 관문 역할을 하죠." 콘돔을 한 번도 사본 적 없는 여성이 스스로 콘돔을 사게 만드는 건 여간 어려운 일이 아니었다. 행동 변화를 일으키기 위해 여성 친화적인 디자인을 만드는 데 주력했다.

틴케이스로 포장을 하기로 했다. 겉으로 봐서는 무엇이 들었는지 예측할 수 없는 형태인 데다 콘돔 보호 효과가 뛰어나기 때문이다. "콘돔은 작은 마찰이나 압력에도 손상될 수 있습니다. 더 안전하게 보관하는 방법을 고민하다 틴케이스를 사용하기로 했습니다." 포장만 보면 화장품이나 민트 캔디 용기 같다. "콘돔에 관심 없던 소비자도 예쁜 외양에 반해 관심을 갖게 하는 게 목표였어요."

눈 높은 일본 소비자를
사로잡은 비결

—

2018년 9월, 첫 제품 '세이브 프리미엄 콘돔'을 개발하는 데 성공했다. 출시 후 1~2년간은 편의점, H&B 스토어 등 오프라인 매장 확장에 중점을 뒀다. "한국 사람들은 콘돔을 미리 구비하지 않고 필요할 때마다 편의점에서 낱개로 사는 습관이 굳었더라고요. 콘돔을 집으로 배송시키는 걸 부담스러워하는 분도 많았고요." 그러다 코로나19 팬데믹 후 집콕족이 많아지면서 온라인 채널에서의 매출이 폭발했다. "2020년 온라인 매출이 2019년 대비 800% 이상 신장했어요."

가능성을 인정받아 2019년 실리콘밸리의 벤처캐피털 500 스타트업(500 Startups)에서 시드 투자를 받았다. 쟁쟁한 경쟁자들을 제치고 다양한 글로벌 디자인어워드에서 상을 휩쓸었다. 독일의 레드 닷 디자인 어워드 2018, 독일 iF 디자인 어워드 2019, IDEA 2019 등 세계 3대 디자인어워드뿐 아니라 미국 스파크 디자인어워드, IDA 국제 디자인어워드, 이탈리아 A' 디자인어워드 등을 받았다.

콘돔의 성공을 발판으로 다른 제품을 개발했다. 다음 타자는 여성 청결제였다. "여성의 질과 생식기는 산성을 띠는데요. 염기성인 비누나 세정제로 몸을 씻으면서 생식기가 알칼리성을 띠면 질염에 걸리기 쉬운 환경으로 변합니다. 약산성 여성 청결제는 염기성 세정제의 대안이 될 수 있습니다. 세이브의 약산성 여성 청결제는 영국 비건 인증, 독일 더마 테스트에서 엑설런트 등급을 받았어요. 유해물질을 포함하지 않고 피부 자극 없이 순한 성분으로만 만들었다는 뜻이죠."

판매수익의 10% 기부
소비자 인식 변화에 보람

—

여성 인권을 위한 각종 활동을 활발히 하고 있다. "판매수익의 10%를 건강한 성생활과 여성 권리 신장에 관련한 분야에 기부합니다. 캠페인용 상품 판매수익도 모두 기부하고요.

청소년을 위한 성교육, 콘돔 기부 캠페인을 연 적도 있다. "성년의 날마다 보육 시설에서 자라 성년이 된 보호종료아동에게 저희 제품과 장미꽃, 성교육 내용이 담긴 책자를 전달하고 있습니다. 저희는 여성을 위한 회사이기 때문에 여성의 권리 신장, 청소년 성교육과 관련한 활동에 관심을 가져야 할 의무가 있다고 생각해요."

박 대표는 점진적인 사회 변화를 실제로 느끼고 있다고 했다. "저희 제품 덕분에 처음으로 남자친구와 콘돔에 대한 이야기를 나누게 되었다는 여성분들의 후기를 받을 때 가장 기분이 좋아요. 예전의 제가 그랬듯 콘돔이라는 제품을 언급하기조차 어려워했던 여성 소비자들이 관심을 갖기 시작했다는 것 자체가 의미 있다고 생각합니다. 요즘엔 아내와 애인에게 선물하기 위해 구입하는 남성 고객도 늘고 있어요."

사람들이 '여성의 성 담론'을 보편적인 삶의 일부로 받아들이는 시점을 앞당기는 것이 목표다. "우울증, 공황장애 같은 정신 관련 질병만 해도 몇 년 전에는 말하기 어려운 주제였어요. 지금은 비교적 부담 없이 말하고 받아들이잖아요. 여성의 성도 그렇게 되지 않을까요? 아직까지는 금기의 영역인 여성의 성 이야기가 자연스러운 삶의 풍경이 되는 그날까지 최선을 다하겠습니다."

유명 회계법인 출신 회계사가
사표 내고 렌털 영업에 나서다

렌털 가격 비교 플랫폼
렌트리 서현동 대표

가전을 빌리는 건 꽤 골치 아픈 일이다. 이용료, 약정 기간, 지원금, 해지 시 위약금 등의 요인을 골고루 따져봐야 한다. 렌털사마다 계약 조건이 천차만별이라 제대로 조사하지 않고 덜컥 선택했다간 '호갱'이 되기에 십상이다.

그럼에도 불구하고 생활가전 렌털 시장은 매년 17%씩 성장하고 있다. 회계사 출신이라 숫자에 밝은 렌트리 서현동 대표의 눈에 렌털 시장은 화수분으로 보였다. 불합리성을 해결하면 선두에서 유리한 자리를 점할 수 있을 것 같아 창업에 뛰어들었다. 서 대표를 만나 렌털 시장의 정보 비대칭과 불합리한 유통 구조를 개선하는 방법에 대해서 들었다.

편리한 생활가전
렌털 가격 비교 플랫폼

—

렌트리는 생활가전 렌털 가격 비교 플랫폼이다. 웹이나 앱에 원하는 렌털 조건을 입력하면 제품 정보와 실시간 유통 데이터를 기반으로 최적의 제품을 추천해준다. 전국 판매자들의 견적을 취합해 이용자에게 보여주는 '역경매 방식'으로 쉽게 견적을 비교할 수 있다. 안전한 거래를 담보하기 위해 입점 판매원을 까다롭게 관리한다. 플랫폼 내에서 편하게 채팅 상담도 할 수 있다.

창업 초기 정수기, 비데 등 전통 렌털 가전으로 출발해 2022년 6월부터 TV, 에어컨, 냉장고, 세탁기, 건조기 등 생활가전 전반으로 서비스 영역을 확대했다. 추후 가구 등 라이프스타일 제품 전반으로 확장할 구상이다.

창업에 꽂힌 경영대생이
회계사 자격증 딴 이유

—

서강대학교 경영학과 출신이다. 창업보다는 취업이 대세였던 시절부터 창업가를 꿈꿨다. "서비스를 만들어 사람들에게 큰 임팩트를 주는 일을 동경했어요. 대학생 때부터 그런 생각을 품고 있었죠. 하지만 아는 게 없고, 창업 관련 정보도 희소해서 겁이 났어요. 경험과 지식을 쌓은 후 창업에 도전해야겠다 결심했죠." 여러 진로를 두고 고민하다가 회계사를 선택했다. 숫자를 다루며 거시적으로 시장을 보는 관점을 키울 수 있는 직업이기 때문이다. 2013년 공인회계사 시험에 합격했다.

유명 회계법인에 근무하면서도 창업에 대한 끈을 놓지 않았다. "삼정회계법인에서 사회생활을 하면서 훗날 함께 창업하기로 한 대학 동기와 주말마다 사이드 프로젝트를 했습니다." 처음 시도한 것은 교육 사업이다. "상업고등학교나 정보고등학교 같은 특성화고에 다니는 학생들이 대학수학능력시험을 치를 경우 '직업탐구'라는 과목을 봐야 하는데 관련 강의나 수험 서적이 별로 없어요. 애초에 수능을 치는 아이가 적기 때문이죠. 수요가 있으면서 사회적 보탬이 될 일을 찾던 중에 이 문제가 눈에 들어왔어요." 2014년 직업탐구 온라인 강의 서비스를 시작했다. 이후에도 사람들의 고충을 찾아 해결하는 시도를 꾸준히 해왔다.

2015년 육군 경리장교로 입대했다. 전역 후 삼일회계법인에서 근무하던 중 도전장을 내밀고 싶은 시장을 발견했다. "M&A 거래에 필요한 가치 평가 및 재무 실사 업무를 담당하는 부서에서 근무했습니다. 많은 산업을 접했는데 그중에서도 렌털 비즈니스가 눈에 들어왔어요. 구독 경제의 일상화, 1인 가구 증가, 소비자 구매 패턴의 변화 등의 요소가 맞물리며 이 시장이 빠르게 성장하고 있었거든요." 특정 시장에 대한 유망한 전망이 좋은 소비자 경험을 담보하지는 않는다. 렌털 시장에도 틈이 있을 거라고 생각했다. 전도 유망함에 가려

▲ 렌트리 서현동 대표

진 문제점을 찾아 나서기 시작했다.

정수기 렌탈을 알아보다가 느꼈던 개인적인 불편함이 떠올랐다. "제품의 종류는 많은데 렌탈 계약과 관련해 제대로 된 정보를 제공하는 곳이 없어서 애먹었어요. 온라인 검색으로 찾은 정보는 대부분 광고라 신뢰하기 어려웠죠." 더 구체적인 정보를 얻으려면 렌탈 업자들에게 전화하거나 방문 상담을 받아야 했다. 가까스로 연락이 닿아도 저마다 제시하는 조건이 달라 문제였다. "혼란스러웠어요. 최종 결정하기까지 한 달이 걸렸죠. 정수기 하나 설치하는 데 이렇게까지 해야 하나 생각이 들었습니다. 너무나도 불투명한 시장이었어요."

정수기 렌털을 찾는 과정에서
경험한 불쾌함 토대로 착안

—

2021년 1월, 회계법인을 퇴사하고 렌털 시장의 정보 비대칭을 해결해보기로 마음먹었다. "무작정 이해 관계자를 만나고 다니며 현장의 이야기를 들었어요. 첫 3달간 소비자, 판매자, 제조사 등 가리지 않고 만나서 시장의 구조와 이해 관계자들이 처한 문제를 파악했어요." 소비자들이 공통적으로 지적하는 건 '높은 탐색 비용'이었다. 계약 후도 문제였다. 의무 사용 기간은 너무 길고, 중간에 해지할 경우 큰 위약금을 물어야 한다. "하다못해 렌털 계약을 위해 발급받은 카드 혜택을 제대로 받고 있는지 소비자가 일일이 확인해야 하는 것도 번거로웠습니다. 렌털 시장에 대한 소비자의 경험은 결코 유쾌하지 않았어요."

판매자에게도 나름의 사정은 있었다. "렌털 비용을 보면 제품 원가 대비 수수료 및 판매 관리비가 높고, 이 중 상당수가 소비자에게 전가되는 구조입니다. 그렇다고 이분들을 마냥 비난할 수는 없어요. 판매자들도 소비자와의 접점을 찾기 위해 광고비로 적지 않은 돈을 지출하고 있거든요." 옛날 방식인 대면 상담 방식을 고수하는 관성도 비효율적이었다. 판매자들에게 디지털화된 렌털 판매 툴을 제공한다면 생산성을 높일 수 있겠다고 생각했다.

메일링 형태의 MVP(최소 기능 제품) 서비스를 만들어 시장성부터 검증했다. "'소비자의 탐색 비용이 너무 크다'는 가설을 설정하고 불

필요한 과정을 줄이는 데 주안점을 뒀어요. 이용자가 찾고 있는 제품을 말하면, 저희가 판매자 중에서 조건이 맞는 사람을 찾아 연결시켜주는 방식이었죠." '누가 대신 찾아주니 너무 편하다'는 반응이 주를 이뤘다. 이 아이템으로 한 창업공모전에서 수상했다. "시장 반응도 얻고 대외적인 인정도 받았으니 본격적으로 시장에 뛰어들어도 되겠다고 판단했어요."

렌털 제품의 '다나와' 구상, 중간 판매자가 필요한 이유

—

2021년 9월, 개발자를 채용하고 플랫폼 개발에 착수했다. '전국에 있는 렌털 제품을 한데 모은 플랫폼'이 콘셉트였다. "렌털 시장의 파편화된 정보를 표준화된 데이터로 취합하는 과정이 만만치 않았어요. 각 제품에 대한 유통 정보와 정책이 수시로 바뀌거든요. 그동안 판매자들은 엑셀 같은 프로그램을 통해 수기로 정보 변동을 관리했다고 하더군요." 관련 데이터가 알아서 업데이트될 수 있도록 자동화하는 데 주력했다. 렌털 판매 생태계에서 의사 결정권을 가진 판매자들을 만나서 비즈니스 모델을 설명하고 관련 자료를 제공해달라고 일일이 설득하러 다녔다.

전국에서 날고 기는 렌털업자는 죄다 모았다. "업계에서 유명한 분들을 모셔오는 데 힘썼습니다. 소비자 문의가 들어오는 즉시 대응

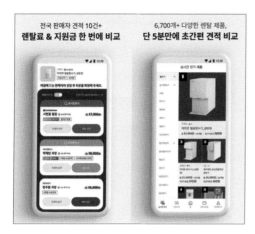

◀ 렌트리 서비스

할 만큼 열정적인 분들이죠." 서비스 규모가 커지자 자발적으로 플
랫폼 등록을 희망하는 업자가 늘어났다. "현재는 지원이 들어오면
과거 이력과 경력을 조회한 후 입점을 진행합니다. 설치 지연, 사은
품 지급 이행 약속 불이행, 늦은 대응 등 신뢰를 저하하는 행동이 적
발되면 페널티를 부여해서 서비스 품질을 관리해요."

'판매자를 끼지 않고 직접 판매하면 비용을 더 줄일 수 있지 않냐'
는 질문도 많이 받았다. 가치 사슬에 판매자를 포함시키는데는 나름
의 이유가 있다. "렌털 비즈니스는 보험업과 유사해요. 구매 전환 후
한 사이클이 끝나는 커머스 비즈니스와 달리 계약을 유지시키는 게
중요한 산업이죠." 그래서 소비자에게 계약 조건, 혜택 등을 이해하
기 쉬운 언어로 전달하는 '휴먼 터치'가 꼭 필요하다. "렌털 시장에서
휴먼 터치를 전담하는 분들은 바로 판매자입니다. 이분들은 소비자

와 오래 끈끈한 관계를 유지하는 데 꼭 필요합니다."

생활가전 전반으로 영역 확대,
렌털에 대한 인식 전환 목표

—

2021년 가전 렌털 플랫폼 '렌트리' 베타를 선보인 후 2022년 초 정식 버전을 출시했다. "원하는 제품과 조건을 입력하면 판매자로부터 실시간으로 견적을 받아서 비교해볼 수 있습니다. 최종 판매자를 선택한 후에는 비대면 상담으로 넘어갑니다." 기존의 전화나 방문 상담 대신 앱 내 채팅으로 상담을 진행해서 개인정보 노출 우려가 없다. 판매자가 약속한 혜택이 제대로 지급되는지까지 확인한다. "요약하자면 무엇을, 어디서 사야 할지 정하는 것부터 안전하게 거래하는 것까지 도와주는 서비스입니다. 거래 성사 시 판매자로부터 수수료를 받아서 수익을 창출합니다."

출시 8개월 만에 누적 거래액 35억 원을 돌파했다. 스타트업 업계의 관심도 한 몸에 받았다. "전통적인 업무 방식을 개선해서 생산 효율성을 높였다는 점을 좋게 평가받고 있습니다. 렌털 시장의 문제를 해결하기 위해 작정하고 달려든 스타트업이 없어서 눈에 띈 것 같아요." 대외적인 성과 못지않게 유용한 회사 홍보 수단은 이용자 후기다. "'렌트리를 통해서 한 시간도 채 안 돼서 렌털 계약을 했다'는 후기를 보면 정말 뿌듯합니다. 판매원분들은 손품이 줄어서 편하다고

들 말합니다. 재래식 대응 방식을 디지털 툴로 전환한 덕이죠."

매일 셀 수 없이 많은 가전을 다루고 있지만, 가장 중요한 건 결국 '사람'이라고 생각한다. "회계사로 일할 때 사람 다룰 일이 별로 없었는데, 창업하고 보니 사람과 부대끼는 일이 대부분이었습니다. 플랫폼을 채우고, 활성화시키는 건 결국 사람의 몫이니까요. 제가 영위하고 있는 사업 영역은 렌털이지만, 창업의 본질은 모든 사람이 상생할 수 있는 방안과 사회적 가치를 찾는 것이라고 생각해요. 그런 측면에서 창업은 수양의 과정이기도 하네요."

어느 제품이든 원하는 기간에 원하는 조건으로 빌려 쓸 수 있도록 하는 서비스로 키우는 게 목표다. "생활가전뿐만 아니라 가구까지 생활 전반을 아우르고 싶어요. 이게 가능하려면 위약금 문제부터 해결해야 합니다. 제조사 입장에서는 원가를 회수해야 하니까 위약금을 부과할 수밖에 없는데요. 불투명한 유통 구조를 혁신하면 가격 거품을 줄이고 효율적인 방안을 찾을 수 있다고 믿어요. 궁극적으로는 렌털이 전통적인 비즈니스가 아니라 편리한 고급 소비 방식이라는 인식의 변화를 만들어내고 싶습니다."

아이디어 하나로 스타트업

초판 1쇄 발행 2023년 7월 20일

지은이 | 진은혜
펴낸곳 | 원앤원북스
펴낸이 | 오운영
경영총괄 | 박종명
편집 | 최윤정 김형욱 이광민 김슬기
디자인 | 윤지예 이영재
마케팅 | 문준영 이지은 박미애
등록번호 | 제2018-000146호(2018년 1월 23일)
주소 | 04091 서울시 마포구 토정로 222 한국출판콘텐츠센터 319호(신수동)
전화 | (02)719-7735   팩스 | (02)719-7736
이메일 | onobooks2018@naver.com   블로그 | blog.naver.com/onobooks2018
값 | 17,000원
ISBN 979-11-7043-430-6 03320